PRETA GIL
OS PRIMEIROS 50

AUTOBIOGRAFIA

PRETA GIL
OS PRIMEIROS 50

GLOBOLIVROS

Copyright © 2024 by Editora Globo S.A

Copyright do texto © 2024 by Preta Gil

Todos os direitos reservados. Nenhuma parte desta edição pode ser utilizada ou reproduzida — em qualquer meio ou forma, seja mecânico ou eletrônico, fotocópia, gravação etc. — nem apropriada ou estocada em sistema de banco de dados sem a expressa autorização da editora.

Texto fixado conforme as regras do Acordo Ortográfico da Língua Portuguesa (Decreto Legislativo no 54, de 1995).

Editor responsável: Guilherme Samora

Editor-assistente: Renan Castro

Preparação: Adriana Moreira Pedro

Revisão: Vivian Sbravatti

Projeto gráfico e diagramação: Douglas K. Watanabe

Capa: Carolinne de Oliveira

Fotos de capa: Lita Cerqueira

Assistente de fotografia: Mariana Rios

Produção executiva: Emilie Rey

Processos gráficos: Alexandre Toledo

CIP-BRASIL. CATALOGAÇÃO NA PUBLICAÇÃO
SINDICATO NACIONAL DOS EDITORES DE LIVROS, RJ

G398p

    Gil, Preta, 1974-

        Preta Gil : os primeiros 50 / Preta Gil. - 1. ed. — Rio de Janeiro: Globo Livros, 2024.

        280 p.

    ISBN: 978-65-5987-174-2

        1. Gil, Preta, 1974-. 2. Cantoras - Brasil - Biografia. 3. Autobiografia. I. Título.

24-92685

                CDD: 781.64092

                CDU: 929:78.071.2

Gabriela Faray Ferreira Lopes - Bibliotecária - CRB-7/6643

1ª edição — 1ª reimpressão, 2024

Direitos de edição em língua portuguesa para o Brasil adquiridos por Editora Globo S.A.

Rua Marquês do Pombal, 25

CEP 20230-240 – Rio de Janeiro – RJ

www.globolivros.com.br

Dedico este livro a Sol de Maria pois sei que,
quando crescer, escutará muitas histórias a meu respeito.
Algumas serão mentirosas, outras não.
Aqui, eu tenho a chance de contar para ela
a minha verdade (e para quem mais vier:
meus bisnetos, sobrinhos...)

Sumário

25 de janeiro de 2023   8

Preta nem tão preta?   14

O sonho do cabelo black   18

Salvador   22

Um choque de mundos   26

Da Bahia para o Rio   30

A saúde e a alimentação   36

A minipromoter e a vida entre estrelas   42

A Priscila que habita em mim   48

Sampa   52

Tratamento em São Paulo   56

Rock in Rio e meu irmão-herói   64

Caretice?   68

Beijo gay na aula   72

Back in Bahia   76

A namorada e a redenção de Salvador   80

A tragédia que me marcaria para sempre   84

Transe   88

Criança   92

A primeira vez (com um homem)   96

Vida nova em São Paulo   100

Preta em Praga   106

Grávida   110

A compulsão   116

Cuidando de mim   120

11 de setembro   124

A reviravolta   128

Sem grana, mas com alegria   136

O segundo passo   140

Nós nascemos pelados   144

No olho do furacão   150

PQP… odeio a Preta Gil   156

Desisto?   160

A TV me salvou   164

Atriz   170

Movida pela grana   174

Encontrando meu público   178

Encontrando Mozi   184

Preta vai casar   188

Sem palhaçada, com emoção   210

Malditos nas Maldivas   214

O fim   218

Sepse   222

Covid-19   234

Sem luz apagada!   238

De vilã a melhor amiga   244

Vó Preta   248

Aprendizado não tem idade   252

Vovó dodói   256

Dizendo adeus   260

Coragem   264

Posfácio   270

"Glossário" dos amigos   272

25 de janeiro de 2023

Retomo este livro vinte dias depois que fui parar no hospital por ter sofrido uma hemorragia severa. Só hoje consegui me sentir razoavelmente bem para isso. Nos vinte dias anteriores, minha vida se transformou: recebi o diagnóstico de câncer no reto e já comecei o tratamento com quimioterapia.

Tudo começou num dia em que passei muito mal e precisei sair de casa, no Rio de Janeiro, às pressas para o pronto-socorro. Notei algo escorrendo pelas minhas pernas. Olhei, era sangue. Mas muito sangue, vomitei e tive a sensação que iria apagar. Desmaiei e fui socorrida pelo Rodrigo, meu então marido, e pela Lucrécia, minha cozinheira. Rodrigo conta que teve que fazer massagem cardíaca em mim pra me reanimar. Eu estava sem roupa e ele me enrolou num pano e desceu as escadas correndo e me colocou no carro para irmos ao hospital. Lucrécia foi me segurando e falou que eu não podia dormir, que tinha que me manter alerta. Chegando lá, dei entrada na emergência, tudo de uma maneira muito caótica. Eu estava bastante fragilizada, e felizmente os médicos conseguiram me estabilizar. Em pouco tempo, fiz ressonância e tomografia e, enquanto aguardava no quarto o resultado desses exames e mais informações sobre os próximos passos, saiu uma nota no jornal sobre minha internação. Me viram entrando e publicaram a notícia.

Meu celular não parava de tocar, mas não conseguia responder ninguém. Foram três dias sem sequer pegar o aparelho. Acredito que as primeiras pessoas que souberam foram o Gominho, que estava em casa desde o Réveillon, depois Soraya, Carol, Flora e minha mãe. Tudo é confuso em minha cabeça sobre esses primeiros dias. O caos foi ainda maior pois, no momento da internação, eu estava com covid-19 novamente.

Com os primeiros resultados, às cinco da tarde, a médica me falou:

— Preta, você tem um adenocarcinoma no reto e a gente tem que tirar.

— O que é isso? É câncer?

— Sim. É câncer.

No dia seguinte, fizemos uma biópsia. Assim que voltei do procedimento, me lembro de abrir os olhos e dar de cara com Carol, Alex, Gominho, Flora (minha madrasta) e Rodrigo. Alex falava para irmos buscar tratamento em São Paulo, mas eu não queria, afinal, àquela altura não sabia detalhes do meu quadro clínico. Ainda que a médica que me atendera tenha dito no dia anterior se tratar de um câncer, era necessário fazer mais uma série de exames para confirmar o diagnóstico.

A biópisa deu inconclusiva. Tive que fazer uma segunda, que também deu inconclusiva. Eles acharam estranho, fizemos um PET Scan, que é um tipo de exame que "ilumina" onde estão as células cancerígenas. Ele iluminou o reto. E eu fiz de novo a biópsia, pois só se pode fechar o laudo com ela. Lembro bem a data: um sábado, 7 de janeiro, e aguardava o resultado no domingo quando a TV se encheu das cenas repulsivas da invasão de Brasília. Foi um duplo filme de terror. Estava imersa na realidade de diagnóstico, medo, sofrimento, dúvida e ainda acontecendo aquilo tudo no meu país, com criminosos depredando tudo pela frente. Na segunda-feira, recebi o resultado e pude finalmente dar uma resposta para as pessoas. Fiz um comunicado na internet: estava com câncer.

Quando saiu a biópsia, meu oncologista chegou, teve uma reunião com a gente, e falou:

— A gente vai traçar um plano. Na semana que vem, você já começa a quimioterapia.

No dia 16 de janeiro, comecei meu primeiro ciclo.

Comecei a quimioterapia em janeiro. No quinto ciclo, em abril, tive uma sepse, fui parar na UTI e quase morri, ao mesmo tempo em que era abandonada por meu marido e via meu casamento desmoronar. Acabei indo para São Paulo e, lá, passei por um tratamento difícil, fiz uma cirurgia que durou quinze horas... Os médicos que me acompanharam e ainda me acompanham são incríveis. A medicina e a ciência estão bastante evoluídas. Todos esses fatos, eu vou contar com mais detalhes no decorrer do livro. Por enquanto, quero deixar registrado que agradeço muito a Deus por eu ter chegado até aqui, curada, em processo de remissão, mesmo passando por tantos percalços. No entanto, eu venci todas as etapas. Por isso, acredito que é a hora de lançar este livro.

Ele está sendo escrito desde 2018. E, quis o destino, que ele estivesse pronto para sair somente agora: no ano de 2024, depois de encarar um câncer, iniciando as celebrações de meus 50 anos de VIDA. VIDA, assim, em caixa-alta. Ao escrever este livro, eu celebro duas coisas: a vida e a transformação.

A vida, pois sinto que estou meio que na metade do caminho. Um momento muito lindo, que deve ser vivido com um pouco mais de lucidez. Sei que não é fácil esse lance de autoconhecimento. Envelhecer é inevitável, então que seja com dignidade, com aprendizado e com gratidão. Estou revendo, entendendo, processando e me redescobrindo. Me transformei muito de 2018 para cá. E continuo a me transformar. Até por isso, o livro não será exatamente cronológico. Vou e volto nos anos. Natural: a doença e a maturidade me fizeram enxergar muita coisa de outra maneira e acabei revisitando tudo o que já estava escrito. A vida me deu a chance de enfrentar a doença, de terminar relações que não me enriqueciam e de começar outras. Me deu a chance de ser avó! E de ser cada vez mais Preta.

E é sobre isso mesmo que quero começar a falar. Sou filha de Sandra com Gilberto. Mãe branca e pai preto. Na época em que nasci, na minha certidão veio escrito "cor: parda". Nunca gostei dessa cor. Para meus pais, eu era a pretinha, a mulata, a indiazinha, todas palavras comuns de serem usadas naquela época. Para mim, eu sempre fui PRETA no nome e na consciência.

Preta nem tão preta?

ACHO QUE A GENTE SE DESCOBRE muito no outro, no coletivo. Digo isso antes de contar este caso que me aconteceu. Em 2016, fui convidada por uma universidade de Salvador para participar de um projeto de empoderamento feminino negro. Foi no teatro Castro Alves.

Cheguei e lá estavam Eliza Lucinda e Mc Carol de Niterói. A mediadora era a Rita Batista. Comecei a falar, a responder à plateia e passei a falar sobre mim. Me referi a mim mesma como mulata. Ouvi uma vaia vindo do fundo do teatro. Não entendi. Nem achei que era para mim. Será que alguma confusão acontecia? Foi quando a Rita Batista me falou:

— É que você falou mulata.

— Falei, sim, é o que eu sou. Quer dizer, pelo menos é o que algumas pessoas dizem que eu sou – argumentei.

— Não, Preta. É que você não pode mais falar a palavra mulata. Ela vem de mula. Estuda, quando você chegar em casa, dá um Google no termo. Você vai ver o motivo de o movimento negro ter problematizado a palavra mulata, de as escravas serem usadas como mulas...

E ali, naquela hora, eu me desculpei. Pedi desculpas pela ignorância. Sim, eu ignorava esse fato. Eu ignorava esse sentimento.

E continuei lá. Assustada, confesso. A certa altura, alguém me perguntou dos ataques que sofri na internet, e eu falei:

— As pessoas tentam me denegrir…

Nem tive como continuar. Outra vaia. Mais poderosa. E eu disse:

— Depois dessa, agora eu tenho que ir embora, não é?

Algumas pessoas até riram. E me explicaram que a palavra denegrir vem de negro e que usá-la era errado. Naquele momento, eu senti um misto de susto com o que eu considerava radical da parte delas com uma pergunta dentro de mim: "Em que mundo eu vivo?"

Sabe, não sou uma pessoa ignorante. Não sou uma intelectual, ok. Mas eu leio, sou curiosa, sou uma pessoa bem relacionada, tenho amigos em todos os lugares, de todas as classes sociais e, de repente, como é que isso ainda não tinha chegado a mim? Comecei a repensar uma série de coisas.

E ainda não tinha acabado. O post que fiz no Facebook sobre o evento virou uma loucura! Pessoas que estavam na plateia entraram lá acabando comigo. Li coisas do tipo:

"Você jamais poderia se chamar Preta Gil, está na hora de mudar seu nome."

"Você é uma vergonha para o movimento negro."

Eu não apaguei nada. Nem apaguei os posts nem consegui apagar aquilo de dentro de mim. Foi muito profundo. Mexeu tanto comigo que comecei uma busca por mim mesma e por essa minha negritude.

Para sublinhar ainda mais tudo o que aconteceu, meses depois do acontecido, a Taís Araújo me colocou em um grupo de WhatsApp chamado "Preta, Preta, Pretinhas". Um grupo só de mulheres negras. São atrizes, professoras, advogadas… tem de tudo. A premissa para entrar no grupo é ser negra e trocar experiências de vida. Logo que entrei nesse grupo, fui falar no WhatsApp sobre a minha experiência no evento, e as meninas me disseram que eu sou mestiça, clara, privilegiada. Ainda me falaram do colorismo (sim, eu também não sabia do colorismo): eu miscigenei o preto com o branco e sou mestiça. Ou seja, no colorismo, eu sou clara. E, na sociedade, eu sou privilegiada. E, sim, comecei a ver, pelos relatos delas, que eu não passei por muitas coisas pelas quais elas passaram. Acho que o que mais me protegeu foi o meu pai, e não por ele ser famoso, mas por ser inclusivo. Com isso tudo borbulhando na minha cabeça, fui perguntar para ele:

— Quando você era jovem ou quando meu avô se formou em medicina, qual era a luta? O que vocês queriam? Existia uma luta?

Ele me respondeu:

— Existia. A gente queria inclusão, era por isso que a gente lutava. Inclusão. Por eu estar no meio de todos, por estarmos circulando, por conseguir me formar, fazer uma faculdade... isso tudo era um ato político.

Parei para pensar nessas palavras.

O meu "ser negro", até por causa do meu pai e de sua postura de vida tão inclusiva, sempre passou pela alegria.

Nunca pelo sofrimento.

O sonho do cabelo black

Nunca ninguém acreditou que meu cabelo era liso. Todo mundo achava que eu alisava, que fazia progressiva. E que, consequentemente, eu negaria minha raça por alisar o cabelo. Mas, sim. Meu cabelo é liso. E isso sempre foi um problema.

Não gostava de ter cabelo liso no meio de tantos irmãos de cabelo black. Aliás, uma coisa que a gente seria alvo de muita crítica hoje: na minha época, era considerado "normal" falar cabelo ruim, pixaim, cabelo duro… Eu mesma vivia dizendo que queria o "cabelo duro" dos meus irmãos. Somente com o passar dos anos fomos entendendo quão cruel era essa suposta "normalidade".

Voltando ao sonho do cabelo crespo: minha mãe tem cabelo liso e, por alguma questão genética, o meu também é. Quando tinha uns 8 anos, lembro que fomos até a igreja do Bonfim para rezar, fazer nossos pedidos e colocar a fitinha como sempre fazíamos.

— Senhor do Bonfim, queria cabelos cacheados, um namorado e uma Barbie.

Nenhum dos pedidos foi realizado até o verão seguinte, quando voltei à igreja e fiz outros pedidos.

— Meu senhor, queria cabelos cacheados, um estojo e uma bicicleta rosa.

Acho que Ele começou a me escutar! Meu pai viajou pro Japão e me trouxe o tão desejado estojo igual ao que uma amiga minha do Colégio Andrews tinha; a bicicleta rosa minha madrinha me deu de aniversário e, em uma viagem para Nova York, minha mãe comprou um produto que ondulava o cabelo. Era o tão famoso permanente. Moda da época. Acho que o jogo virou para mim, hein?

Se desisti do namorado e da Barbie do primeiro pedido? Nem tanto. Eu sempre me apaixonava pelos adultos e, claro, nunca fui correspondida: primeiro foi pelo empresário de meu pai, Daniel, depois pelo produtor dele, o Liminha, depois pelo André Midani – eu o achava chiquérrimo, pois falava francês e morava numa cobertura com piscina. E eles eram todos casados e eu ficava lá, sofrendo de decepção amorosa. Sempre fui precoce e sempre sofri por amor. Tinha até febre de paixão e as pessoas me diziam: "Preta, criança não namora." A partir daí, comecei a pedir ao Senhor do Bonfim para virar adulta logo.

Por essa época, eu descobri que a Barbie não se parecia comigo e desisti dela.

Ainda sobre o tão sonhado cabelo, lembro que minha mãe fez o permanente e, o que sobrou do produto, Antônia, nossa babá, ajudou a aplicar em mim. Lembro que era começo de verão, colocamos com aqueles bobes, o famoso "bigudinho". Lembro também do cheiro forte, da ardência no couro cabeludo e de Antônia dizendo:

— Pelo menos vai matar os piolhos dessa menina.

Fato! Éramos empesteados de piolho. Me recordo do sofrimento de minha irmã Maria e seu cabelo crespo. Ela sempre sofria mais pra tirar os piolhos e sempre acabava tendo que cortar bem curtinho. Mesmo assim, eu não achava vantagem ter o cabelo liso.

Finalmente, tirei o produto. De fato, os piolhos morreram e meu cabelo liso estava crespo numa vibe Bethânia. Os tão sonhados cachos não rolaram, mas deu um volume mara. E eu ainda podia fazer os cachos com o dedinho. Ficava me achando uma Gal Costa! Eu, leonina que sou, queria exibir minha juba linda! Mas, para minha tristeza, minhas amigas da escola (naquela época a gente já morava no Rio) não veriam o tal feito capilar... Estava de férias em Salvador e, no meu primeiro mergulho no mar, depois que meu cabelo secou, lá estava a indigenazinha de novo. Meu permanente foi embora e meu sonho de ser cacheada foi levado por Iemanjá.

Salvador

Antes de me mudar para o Rio, morei em Salvador. A gente era hippie, morávamos praticamente numa comunidade por lá. Nem móveis a gente tinha. Era só almofadão, pufe e cama de tatame. De repente, a casa da gente no Rio, em Ipanema, era uma cobertura de 600 m². O primeiro sofá que compramos foi no Rio. Eu me lembro de uma loja chamada Forma, que era moda no Rio, e minha mãe tem esses móveis até hoje.

Então, a gente sempre voltava para Salvador nas férias, depois dessa nossa mudança. E nossos verões na Bahia foram simplesmente os momentos mais felizes da minha infância. Lembro que todo ano já ficávamos ligados nas rádios e nas TVs locais, pois sempre surgia uma música massa. Naquele ano, o grande sucesso era uma música chamada "Fricote", de um cantor até então desconhecido do grande público chamado Luiz Caldas. "Fricote" foi a precursora do axé. Luiz misturava ritmos afros com merengue, salsa e muita sensualidade.

E, adivinhem! Lá estava eu, do alto de meus 11 anos e... apaixonada por Luiz Caldas! Eu e meus crushes mais velhos e impossíveis. Pois bem, eu não descansei naquele verão enquanto meu pai e Flora — que se casou com meu pai depois que ele se separou da minha mãe (falo mais sobre isso depois) — não chamassem Luiz para jantar na nossa casa. Por que eu era assim, gente? E Luiz foi. Não me lembro nem do que comi, mas lembro que coloquei minha melhor roupa da Yes, Brazil (me julguem, na época, o fluorescente estava na moda) e fiquei na porta do prédio esperando ele chegar. Era a mesma sensação de quando eu via Daniel e Liminha. Sim, meus queridos, minha vida naquele ano se resumia a correr atrás de Luiz Caldas!

Quando voltamos para o Rio, depois do Carnaval, tive a sorte de presenciar o estouro da música dele nacionalmente. Então, Luiz ia ao Rio para gravar o programa do Chacrinha, *Cassino do Chacrinha*, e outros programas de TV. E eu não sossegava enquanto alguém não me levasse pra vê-lo. Naquela época, eu já tinha um walkman — um aparelho toca-fitas, portátil, altíssima tecnologia, o iPod da época — e o levava com as músicas que fizeram sucesso no verão de Salvador. Escutávamos no recreio, eu e minhas amigas. Elas amavam e, nas festinhas, eu sempre tocava um axé depois dos Paralamas... era o máximo, eu já era DJ na época e não sabia.

Acho que aqui eu já me vejo misturando ritmos e estilos. Sempre amei ligar as pessoas umas às outras. E depois disso todas as músicas do Luiz Caldas estouravam. Ele abriu portas para muitas bandas e artistas baianos jovens, como a banda Reflexu's, Sarajane, Cid Guerreiro... A música pop no Brasil foi dominada pela cultura afro, com grande influência do Chacrinha. Ele mandava beijos todos os sábados para minha Mãe Menininha do Gantois. E eu frequentava o Gantois! Eu, a garota negra, filha de mãe branca, que morava no Rio e passava os verões em Salvador, vi o axé nascendo.

Para mim, o mundo era daquele jeito: multicolorido, tudo junto e misturado.

Um choque de mundos

MAS VOLTEMOS PARA O MUNDO DE HOJE. No Carnaval de 2018, eu estava cantando no trio com duas bailarinas minhas, que têm seus cabelos poderosamente crespos. E eu cantava, há anos, um pot-pourri com algumas músicas daquele início do axé. Começava com "A Roda", de Sarajane, junto com "Fricote", do Luiz Caldas. E eu estou lá, cantando:

Nega do cabelo duro
Que não gosta de pentear
Quando passa na Baixa do Tubo
O negão começa a gritar

[...]

Pega ela aí, pega ela aí
Pra quê? (Pra passar batom). [...]

E aí, começou a me dar uma dor, no fundo do meu coração, uma vergonha da alma, uma coisa tão súbita, e olhei para um lado, olhei para o outro e eu vi uma das meninas com o cabelo crespo e eu cantando "Pega ela aí, pega ela aí". E gritei:

— Pedi pra parar, parou!

Parei de cantar a música, fui ao meu microfone interno — aquele no qual me comunico somente com meus cantores e banda — e falei:

— Gente, eu não posso mais cantar essa música, em nenhum momento da minha vida. Nunca mais. Não dá. É uma agressão.

Ninguém pega ninguém para passar batom, ou seja o que for, se essa pessoa não quiser! E se ela não quer pentear o cabelo, foda-se! Isso não é um problema. Eu recebi uma rebordosa histórica. Lembro agora do que senti. Me senti horrível.

A gente tem que evoluir. Isso não se canta mais.

Olha que curioso: um Carnaval antes, quando houve uma polêmica com as marchinhas, eu estava no programa do Faustão, *Domingão do Faustão*, e ele me perguntou se eu já tinha tirado também as marchinhas de Carnaval no meu bloco. Eu disse que não e banalizei o assunto. Como se todos os problematizadores fossem "mimizentos". Tudo mimimi, imagina. Bobagem. E, exatamente um ano depois, a "nega do cabelo duro" me jogou na cara, senti na pele e no coração que aquilo não era um mimimi.

Eu passei a entender muito melhor todo tipo de movimento legítimo que luta por direitos, por inclusão. Não podemos julgar Zezé por sua cabeleira, não pode passar batom à força na menina, não pode fazer qualquer tipo de comentário desabonador sobre o cabelo de ninguém. Usem o que for como quiserem. Sim, o uso da força e do preconceito ser considerado "normal" é o motivo pelo qual tanta gente morre assassinada simplesmente por existir e por exigir seu lugar no mundo.

Em 2024, perto dos meus 50 anos, eu continuo mudando. E não tenho vergonha nenhuma disso. Isso se chama evolução. E sinto que a sociedade está passando por uma transformação para a qual a minha geração ainda não está totalmente preparada. Falo isso sobre questões como raça, gênero e até da alimentação.

O que tento me lembrar, o tempo todo, é que o mundo sou eu, é você, é o vizinho, é quem está passando na rua agora. E, se for injusto para um, é injusto para todos.

Da Bahia para o Rio

MINHA TIA LÉIA É MUITO IMPORTANTE na história da família. Tia da minha mãe, irmã do meu avô, era uma mulher que já trabalhava no meio artístico. Ela foi responsável por levar meus pais para o Rio depois do período que viveram na Bahia, pós-exílio. Ela encontrou o apartamento de Ipanema para minha mãe e meu pai.

Eu lembro que eu cheguei na escola, no Rio, e, na época, ser filha de Gilberto Gil causava reações diferentes: uns se afastavam e outros grudavam em mim. Meu pai, naqueles tempos, era mais conhecido por já ter sido preso por fumar maconha do que por ser um ídolo pop. Era uma coisa meio: "Cuidado, ela é filha de negro, marginal, preso, que usa trança no cabelo." Todos comentavam das tranças! Depois, ele tirou e fez uma lua e uma estrela no cabelo, com descolorante. Usava umas roupas coladas! Era uma coisa moderníssima. Mas muita gente olhava torto.

Eu tinha acabado de ser alfabetizada na Bahia. Só que, na troca de escola, no meio do ano, acabei tendo que entrar na fase de alfabetização novamente. Só sei que eu tinha acabado de aprender o abecedário. E meu maior orgulho na época era dizer que falava o abecedário inteiro. Cheguei no meu colégio no Rio, com a roupinha, meu cabelo cuia e a professora me chamou: "Preta." Foi uma risada geral. "Como é que essa criança se chama Preta?" Me lembro de que na Bahia eu já queria me chamar Priscila, que era o nome de uma amiga minha.

Para coroar o momento, a professora disse: "Preta, fale o alfabeto, já que você sabe." E eu me levantei, com todo o meu orgulho, já com uma certa vontade de revanche das crianças que riram do meu nome ou que achavam meu pai estranho, e pensei "agora que eu vou arrasar". Me levantei e comecei: A, B, C, D, Ê, FÊ, GUÊ, MÊ, NÊ, QUÊ... Começou uma gargalhada na sala de aula! Comecei a olhar ao redor. E, em vez de me fechar, comecei a rir também.

Em casa, contei o episódio para minha mãe, que falou:

— É isso mesmo. Você é diferente, você é a única que sabe falar FÊ, GUÊ, MÊ, NÊ, QUÊ... Você é diferente de todas elas. Elas são todas iguais, você fala diferente, você aprendeu o jeito da Bahia e, agora, vai aprender o jeito carioca. E, quando você voltar para Salvador, ainda vai ter esse novo jeito de falar para mostrar para suas amigas.

Aquilo foi ótimo para mim. No dia seguinte, no recreio, já tinha uma roda de crianças das outras salas, das outras séries, todas pedindo:

— Preta, Preta, como é que você fala o abecedário?

E eu acho que ali virei essa exibicionista que vocês conhecem. Amei a sensação que a plateia me causava. Eles estavam rindo do meu jeito de falar? Estavam. Mas eu estava me divertindo, me exibindo. Virei a popular. A que falava FÊ, GUÊ, MÊ, NÊ... O que era para ser um bullying se tornou minha plateia. Meu show. E aí, todo dia no recreio, era rodinha em volta da Preta. Minha irmã Maria, que é tímida, ficava reclusa, não era como eu. Ela de capricórnio e eu leonina, exibicionista, virei amiga de todo mundo. Meu irmão Pedro, que era quatro anos mais velho, já estava em uma idade também de só pensar em futebol. Então, só sobrava eu, um ET na escola. Mas um ET muito popular.

Minha vida sempre foi um show. Eu me lembro de que eu chegava na escola com sono e já inventava uma dor de dente, com requintes de atriz. Tínhamos um tio que era dentista. Eu inventava sempre porque eu gostava de fazer performance, de fazer drama drama, de ser e me sentir a atriz. E, de quebra, não ficava na aula. Logo percebi que, se inventasse dor de cabeça, ia para a coordenação da escola, tomava um AAS infantil, ficava deitada meia horinha e voltava para a sala de aula. A dor de dente, não! Dor de dente era mais pesada e tinha que ir para casa. Minha mãe ia me buscar de emergência na escola, mandava motorista... E aí um dia ela se cansou e me levou direto para essa clínica do meu tio. E eu sempre tive pavor de dentista. Mas eu chegava no dentista e falava que a dor havia passado. Ele fazia raios X, via que não tinha nada. E pronto: eu ia para casa e passava o dia todo de repouso. Até o dia em que minha mãe mandou meu tio fazer uma obturação, mesmo sem eu ter cárie, sabendo que eu estava mentindo. Nunca mais tive dor de dente.

Outra coisa que me marcou na escola é que, logo que cheguei, com meus 6 anos, no Rio, vi muitas meninas com a minha cor na escola. E, com o passar do tempo, fui descobrindo que elas não eram pretas como eu, elas eram queimadas de sol, elas eram cariocas. E eu era preta, eu tinha aquela cor naturalmente. E elas tinham aquela cor porque iam para a praia. Anos 1980, muito surfe, muito Pepê... lembro que, quando percebi isso com clareza, eu fiquei arrasada. Não por elas serem brancas, mas por não ter outra igual a mim. Afinal, a gente sempre busca por referências quando está crescendo.

Quando meus pais se separaram, a rotina passou a ser diferente: ele chegava para nos buscar em casa e falava que a gente ia passar o fim de semana com ele em um hotel. E nós achávamos o máximo! Vou sofrer em um hotel? Eu não! Hotel tem uma coisa pela qual sou fanática até hoje: o *room service*. A gente chegava no hotel e ele queria agradar a gente, então deixava pedir sorvete. Tanto quanto a gente quisesse.

A essa altura, ele já namorava a Flora. Era a namorada paulista que eu achava incrível! Ela tinha um cabelo lindo, todo ondulado. E também queria agradar os filhos dele. Meu pai e a Flora chegaram a morar em um hotel chamado Praia Ipanema e tinha sorvete na piscina! Era potinho de napolitano sem limites. E bebíamos refrigerante, coisa que a gente não podia em casa, já que, meu pai, na época da minha mãe, era macrobiótico. Gente, meu pai fazia jejum durante dias! E todo dia de manhã a gente era obrigado a tomar vitamina de banana, que era banana-da-terra cozida e batida no liquidificador com leite. Nós odiávamos. A partir daí, a casa virou um estilo natureba. Era bem Bela Gil (Bela, te amo, tá?). Então, o hotel era uma colônia de férias para a gente. A TV do hotel tinha controle remoto! Na Bahia, nossa TV, além de não ter controle, precisava de Bombril na antena para que os canais "pegassem". Eu ficava me perguntando como aquela TV pegava sem Bombril na antena. E meu pai viveu por um bom tempo em hotéis. Ele só foi sair de lá quando eu tinha uns 9 anos.

A saúde e a alimentação

Vou avançar no tempo e falar um pouco sobre o agora. Quando descobri o câncer, todos os clichês passaram por minha cabeça: Por que eu? O que fiz para ter essa doença? E por aí vai. Não. Não existe essa resposta. Eu escutei dos médicos que pessoas com hábitos saudáveis também adoecem, mas que, de fato, hábitos não saudáveis colaboram para nosso corpo adoecer.

Eu queria era poder voltar para a minha infância, quando minha família era adepta da macrobiótica e minha casa era um templo das boas práticas e da alimentação saudável. Onde foi que eu me perdi? Te conto: aos meus 6 anos, nos mudamos para o Rio de Janeiro, uma cidade também solar e praiana, ali, no início dos anos 1980. E foi justamente quando começaram a surgir as famosas lanchonetes de fast food aos montes. Uma das maiores do mundo abriu sua primeira loja no Rio, bem na esquina da minha casa. Mas me lembro dos meus pais não deixarem a gente comer o tal famoso lanche e aquilo gerou em mim uma espécie de fissura. Não tinha o que fazer, não tinha dinheiro e nem independência para comprar. Então, passava vontade e babava ao sentir o cheiro do lanche. O máximo permitido, no lugar do acarajé que comíamos em Salvador, era um pastel de bardana do famoso restaurante Natural de Ipanema.

Certo dia, saindo da escola, vimos um tapume da tal lanchonete numa loja ao lado, muro a muro com o colégio. "Não é possível, isso já está me perseguindo", pensei. Passou um tempo e aconteceu a tal inauguração. Na saída da escola, meus amigos fizeram fila para comer o lanche. Menos eu e meus irmãos, que fomos direto para casa. Todos os dias, ao sair da escola, era aquela tortura, os amigos com aquele sorvete branco na casquinha, alguns comiam com batata frita... até que uma amiga me ofereceu um pedaço. Me lembro de ter me tremido toda e aceitado. Meu Deus do céu! Que sorvete era aquele? Que mistura mais doida! E a batata frita? Um sonho. Não contei para minha mãe pois sabia que o esporro viria.

Seguia minha vida desse jeito, entre as tentações, até que um dia, na saída da escola, uma fila muito grande se formou. Imagina uma fila enorme.

— O que está rolando? – perguntei.

— Estão dando cheeseburger de graça para quem cantar o jingle mais rapidamente — me responderam.

Eu, na fila mesmo, aprendi o jingle e convenci meus irmãos a me esperarem. Consegui. Falei tudo tão rapidamente que ganhei o tão famoso cheeseburger – que se tornou um prazer meu até os dias de hoje. Lembro que, na época, tive que me controlar para não virar um vício, mas era inevitável: outras marcas começaram a surgir e o programa da garotada era ir às lanchonetes. Os sanduíches naturais da praia de Ipanema perderam a graça rapidinho.

Conto isso pois não fui criada de forma leviana na questão da alimentação. Ao olhar para trás, vejo que os hábitos não saudáveis, nesse caso, vieram como um estilo de vida de uma geração. E com um quê de rebeldia também. Sempre fui daquelas que fazem o que quer e, na vida adulta, infelizmente, não consegui fazer com que os hábitos saudáveis da infância se perpetuassem. E, sim, eu acho que meu corpo adoeceu por excessos. Tudo na vida é o equilíbrio e, na minha alimentação, perdi completamente esse equilíbrio. Ou seja: acabei errando e negligenciando muito minha saúde. Quando falo isso, eu não tenho medo nem insegurança, eu vivi o que vivi e hoje estou aqui, tendo que mudar tudo na marra. Por isso, eu sempre digo que o empoderamento tem que ser extremamente responsável: amar seu corpo não padrão não pode estar associado a não cuidar da sua saúde. Se você se ama mesmo, você se cuida. Eu achava que me amava, mas descobri que não, e esse assunto é extremamente sensível pra mim. Eu não quero que mulheres se odeiem e se cobrem, não. Mas é importante entender que somos vítimas sim de uma sociedade capitalista e extremamente irresponsável com a saúde física e emocional de nós, mulheres. Quando começamos, no final nos anos 1960, a almejar nossa independência, começaram os conflitos da culpa, o que fazer com nossos filhos, como dar conta da casa e de trabalhar... e fomos obrigadas a ceder à "moderna e inovadora" forma de se alimentar: os enlatados, os ultraprocessados. Por pressão, pela indústria, pela falta de tempo, deixamos de lado a tão afetuosa e saudável comida da vovó. Então, considero importante que a gente entenda que nossos hábitos são reflexos dessas mudanças comportamentais de uma sociedade.

Eu não sou estudiosa, mas o meu conhecimento, com minha vida, me fez refletir. Mas, para não ser leviana, fui buscar pesquisas sérias, como a feita por diversos cientistas do mundo todo e publicada na *British Medical Journal*: ela demonstra uma associação do consumo de alimentos ultraprocessados com o maior risco de aparecimento de câncer em 25 partes diferentes do organismo. Entre elas, o reto.[1]

---

[1] WANG, Lu; DU, Mengxi; WANG, Kai; KHANDPUR, Neha et. al. Association of ultra-processed food consumption with colorectal cancer risk among men and women: Results from three prospective US cohort studies. *BMJ*, 31 ago. 2022. Disponível em: https://www.bmj.com/content/378/bmj-2021-068921. Acesso em: 10 jun. 2024.

Será que se eu tivesse tido hábitos melhores eu teria ficado doente? Isso importa agora? Para mim, não importa mais. O fato é que eu não posso voltar o tempo. Mas, talvez, para você que está aqui comigo, lendo este livro, isso faça uma diferença. Quem sabe você não mude, agora, o seu jeito de encarar a vida e sua alimentação ao ler o que estou escrevendo? Eu tive que mudar da pior maneira possível, eu mudei na dor. Quando eu recebi o diagnóstico, eu mudei meus hábitos alimentares radicalmente durante sete meses: cortei açúcar refinado, glúten, ultraprocessados, refrigerantes, embutidos, evitei carne vermelha... minha irmã Bela me ajudou, além dos médicos, claro.

Você pode me perguntar: "Ah, Preta, mas você nunca mais comeu um cheeseburger?"

Eu te respondo: no meu processo de cura, além da terapia tradicional freudiana, eu busquei outras terapias. Uma delas, a Carol, foi indicação de minha irmã, Bela, e ela me propôs fazer um tratamento através de respiração – segundo ela, isso ajudaria a me conectar com meus traumas da infância. Era um momento em que estava topando experimentar, contanto que fossem pessoas de confiança minha e de quem convive comigo. No começo, achei que não adiantaria nada. Ficar respirando, respirando, vai te levar para onde? Mesmo descrente, comecei meu processo de respiração. Depois da primeira sessão, no Dia das Mães, fui almoçar na casa da dona Nair, mãe da Flora, que considero uma avó também. A Bela estava. Estava mais radical com a coisa toda da alimentação e pensei: o que a Bela comer, eu como. E foi um belo capeletti de legumes. Na mesa daquele almoço, três pessoas já tinham passado pela Carol: Bela, Bem e JP. Comentei, por alto, que havia começado a terapia da respiração.

— Essa é forte. Barra pesada – alguém comentou.

— Mas para mim está sendo sossegado – respondi.

Pois bem, vida que segue. Na terceira sessão da terapia, eu comecei a sentir uns incômodos. Já tinha chorado numa delas e acessado meu avô materno; vinha sentindo uma angústia. E comentei com a terapeuta sobre o que me disseram.

— Confia. No fim vai ter um potinho de ouro te esperando.

Toda sessão é baseada em uma respiração guiada por ela. No meio da terapia, comecei a sentir um prazer muito louco, comecei a me ver comendo um sanduíche. O molho escorrendo na minha boca. Senti praticamente um orgasmo comendo o sanduíche. Quando voltei, falei:

— Acho que deu errado, fui parar numa lanchonete, comendo um sanduíche.

— Seu potinho de ouro foi diferente. Nunca tinha visto alguém chegar num sanduíche. É a culpa que você carrega pela sua doença. Você vai sair daqui e vai comer esse sanduíche. E vai tentar parar de se culpar. Mas, obviamente, tudo na vida é um equilíbrio: você não pode comer isso toda hora. Mas, liberte-se disso e busque seu equilíbrio.

Saí de lá, liguei para algumas amigas, botamos todo mundo no carro e fomos para um drive-thru, compramos tudo e comi. Senti uma felicidade que não sei explicar. E fui reintroduzindo algumas coisas na minha vida, mas com equilíbrio. Me permito comer um cheeseburger esporadicamente. Não toda semana, mas posso fazer quando estou com vontade. Tento não comer mais ultraprocessados, mas, às vezes, como um peito de peru. Hoje, eu tenho uma alimentação muito melhor do que eu tinha, mas me permito comer de tudo com equilíbrio. Não consigo ser uma Bela Gil, mas sou uma Preta melhor e mais consciente.

A minipromoter e
a vida entre estrelas

ANTES DE LANÇAR MEU PRIMEIRO DISCO, eu trabalhei como promoter. Era uma promoter bem-sucedida. Conto isso mais para frente, mas é engraçado notar como a vida nos aponta caminhos: se já era uma miniartista aos 6 anos, dando meu showzinho na escola, eu também podia muito bem ser chamada de minipromoter.

Eu contava as historinhas da Bahia, do meu pai, dos shows. E, logo no meu primeiro ano de escola, meu pai fez o primeiro show no Canecão, uma casa de shows tradicional e importante do Rio. Lembro da primeira amiguinha que falou que a mãe dela adoraria ir ao show. Ia para casa e voltava com um bolinho de ingressos, todos com clipes e os nomes das pessoas que pediam. Imagina só: 7 anos de idade e já fazendo credenciamento!

E quando meu pai lançou o álbum *Realce*, eu me lembro bem dele sentado autografando uma pilha de LPs — eu ao lado, observando. Depois, ia levando para entregar na escola. Isso tudo teve um lado bom e um lado ruim: o bom, é o da admiração genuína que as pessoas tinham; o ruim, é o lado do interesse que outros demonstravam. E eu aprendi muito cedo, com isso, a decifrar quem tem algum interesse e quem gosta de verdade. Foi um grande aprendizado.

Não eram todas as mães que deixavam minhas amigas irem à minha casa e, na época, eu estranhava. Claro que algumas pessoas pensavam que era casa de "maluco", de "hippie", de "maconheiro".

Quase todos os grandes nomes da época pareciam ser da minha família. Era uma coisa muito normal para mim encontrar a tia Bethânia, a tia Rita... A Gal, minha madrinha, sempre foi uma grande paixão. E, mais do que do meu pai, eu queria era estar atrás dela. Os finais de semana na casa da minha madrinha eram um desbunde. Ela construiu uma casa, que era mais um sítio, longe, na Barra da Tijuca. Sim, queridos leitores, a Barra da Tijuca era praticamente outra cidade naquela época. Era tipo uma colônia de férias. Não se ia para a casa da madrinha em dia de semana. Era uma alegria: a gente botava as coisas dentro do carro, mochila, boia e ia para lá.

Ela mandou fazer no fundo da piscina uma boca vermelha dela. Nossa brincadeira era mergulhar e tocar a boca vermelha. Eu mesma só fui conseguir depois de muito tempo. Eu mergulhava, me afogava, lembro que ficava com medo, achava que a boca ia me engolir. Meu irmão Pedro já conseguia tocar e eu o achava o máximo.

Lembrando disso, agora, acho que o hype das famosas era ter algo no fundo da piscina. Existia um guru de muita gente famosa, Mário Trancoso, e ele atendia em Itaipu, um bairro de Niterói. E, do nada, minha mãe decide comprar uma casa em Itaipu. E lá vamos nós para o tal sítio, que era muito mambembe e sem conforto. Era quase uma sensação de voltar a Salvador, para a época hippie. Quando a gente chegava lá, tinha nossa casa, depois de umas três ruas de terra batida, tinha a casa do Mário, que era uma mansão, uma coisa de cinema. E, na frente da casa dele, tinha a casa de Simone, que seguia os ensinamentos do Mário. E lá tinha uma piscina. E no fundo da piscina tinha uma cigarra, que era o símbolo da Simone. Então, se a minha madrinha tinha uma boca e se a Simone tinha uma cigarra, eu ficava imaginando o que teria na piscina da casa da Bethânia, da Rita Lee...

Não pense você que ser filha de cantor era garantia de ter tudo o que eu queria. Que nada! Essa coisa de consumismo que a gente vivia no Rio nos anos 1980 não combinava com a criação que eles tinham tido na Bahia. Eles eram muito hippies para entender isso. E também não sabiam administrar o dinheiro que tinham. Meu pai, até pouco tempo antes de se mudar para Rio, guardava dinheiro debaixo da cama. Ele não sabia lidar com grana. Acho até que ele nem pensava que tinha grana. E imaginem você eu chegar na escola onde todo mundo tinha a mochila Company e a camiseta com os anjinhos da Fiorucci? Eu ficava louca e ia pedir para eles. A resposta era sempre a mesma:

— Espera o Natal chegar, Preta.

Hoje eu entendo a importância de ter crescido com esses valores. Tive até uns problemas com o consumo, dos quais vou tratar um pouco mais para a frente. Mas o fato é que, desde que saí de Salvador, eu fui crescendo entre burgueses, entre endinheirados. Eles me matricularam no Colégio Andrews! Era festa toda semana e eu não podia repetir roupa, não tinha como eu ir pra festa da Patrícia Gonzalez e depois para a festa da Daniela Klabin com a mesma roupa! Era essa a cabeça da criança! Então, eu recorria muito à minha madrinha Gal para ela me dar as roupas. Uma vez, uma amiga ia fazer 15 anos e eu queria porque queria usar uma roupa da grife Frankie Amaury, que era o mais moderno e chique da época. E a minha madrinha me deu a roupa. Mas era sempre um drama a escolha das roupas para a festa. Ai, que sofrimento besta! E, hoje, eu vou deixar aqui registrado: repetir a roupa é libertador.

A primeira referência artística sem ser da minha família e que foi muito forte na minha vida foram As Frenéticas. A Rita Lee, que sempre foi referência, também era minha família, então, não via como alguém de fora. Era a minha tia Rita. Era de casa.

Minha mãe era muito amiga das Frenéticas, especialmente da Regina Chaves e da Lidoka, mesmo antes do sucesso. Então, elas começaram a fazer muito sucesso, explodiram mesmo. E eu queria ir a todos os shows, acompanhar as apresentações na TV. Lembro que na escola tinha uma gincana e uma das provas era levar um famoso. Meu pai não valia. Então, minha mãe ligou para a Lidoka e ela foi comigo! Vocês não imaginam o que era entrar com uma Frenética na escola nos anos 1980… Seria como levar a Anitta no recreio da minha neta hoje.

Pensando bem, sabe que só fui entender com elas o que significava ser famoso? Foi a primeira banda da qual fui tiete. A Lidoka morava na mesma rua da minha mãe, Barão da Torre, então, quando ela almoçava com a gente, mesmo depois de fazer tantos shows com o grupo, ela ainda colocava o compacto com "Dancin' Days" e a gente fazia a maior performance juntas. Ela me maquiava, me dava roupas de shows, me deu um boá. E eu me sentia com aquilo.

Outro ícone da cultura pop que embalou minha infância foi o Chacrinha. Eu era louca pelo Chacrinha! Toda vez que meu pai ia se apresentar, eu ia junto. O Chacrinha era todo sábado. E não havia tantos camarins para o número de artistas que iam ao programa. Era um teatro pequeno. O Chacrinha tinha um camarim para ele e, uma vez, entrei lá e ganhei uvas dele. Depois tinha um outro camarim, mais coletivo, o de maquiagem e um corredor. Lembro de as apresentações acontecerem meio que por ordem de chegada e as divulgadoras das gravadoras guardavam lugar nessa fila.

Eu ficava louca naquele teatro! Eu queria, na verdade, entrar no programa, no palco, mas não podia. Alguém da produção ficava comigo na hora em que meu pai entrava. E talvez, ali, eu tenha tido o meu primeiro grande desejo de estar em um palco.

No palco do Chacrinha.

A Priscila que habita em mim

Em 1982, a novela *Sétimo Sentido* era o maior sucesso. A gente não perdia um capítulo em casa. A personagem da Regina Duarte, Luana Camará, recebia o espírito da Priscila Capricce. Me lembro de que na novela as luzes apagavam, batia um vento, vinha uma gargalhada da qual eu tinha pavor, pânico, medo, e que me deixava em desespero. Eu fechava os olhos e colocava as mãos nos ouvidos. Ficava gritando "aaaaaaaah" até a cena acabar. O meu irmão Pedro, que era grandão e mais velho, às vezes me sacaneava e segurava meus braços para eu ver a cena toda. Uma vez, quando fui dar uma entrevista no Jô Soares e falei que tinha medo dessa cena, eles colocaram no ar. O medo voltou igualzinho! Lembrei do pavor que eu sentia com aquilo.

Pois bem, corta para a Pretinha da infância, aquela que fazia o stand up no recreio ou o showzinho quase todos os dias em casa com minha vitrolinha e os compactos das Frenéticas, da Rita. Eu me lembro de cantar muito "Banho de espuma", muito "Lança perfume". "Balancê", da Gal, e também fazia a Elba. Eu gostava das divas! Daquelas que me faziam poderosa. Sabe o sentido da palavra empoderada, que tanto usamos hoje? Para mim, começou aí. A sensação era incrível. E, a partir de então, minha mãe começou a notar que eu sempre mudava de personalidade. Eu estava quieta em um canto e, do nada, virava a estrelinha. Então, diziam que era a minha Priscila Capricce baixando em mim. A coisa ficou tão séria que minha mãe e minhas tias já falavam: "Olha, chegou a Pritila", num mix de Preta com Priscila.

Chamem do que quiser, de entidade, de pombagira, de loucura, de performance... mas até hoje eu sinto quando a Priscila está por perto. Eu sempre entendi a hora em que ela chega. A temperatura do meu corpo muda. Sou eu mas não sou eu. Minha mãe, só de trocar umas palavras comigo pelo telefone, já sabe se está falando com a Preta ou com a Pritila.

Hoje, ela aparece principalmente quando eu bebo, por isso acho que ela é uma pombagira. Ela é a minha entidade. Meus amigos a conhecem e a amam. Pritila fala inglês, ela é muito rica, ela paga tudo para todo mundo. Inclusive, deixei Pritila adormecida durante anos pois meu ex-marido não gostava dela, ele a achava vulgar e muito exibida. Estou me reconectando aos poucos com ela, pois eu amo Pritila e ela é uma parte muito boa de mim.

Sampa

Enquanto escrevia este livro, estava me tratando em São Paulo. E São Paulo sempre foi muito presente em minha vida. Eu lembro que vivia entre Rio, Salvador e São Paulo. Meu pai sempre fez muitos shows na "Pauliceia" e, por diversas vezes, com minha mãe, eu viajava para lá de trem. Era uma delícia! Ela, os três filhos, mais as babás e os amigos. Entrávamos no Trem de Prata às onze da noite, na Central do Brasil, e chegávamos em São Paulo, na Estação da Luz, logo de manhã, mas não dormíamos nada! Nós pintávamos o sete naquelas cabines, com seus beliches. Amávamos o restaurante do trem. Era um programão. Era uma viagem linda e poética.

Quando vínhamos com meu pai e tinha que ser mais rápido, tipo bate-volta, por causa dos compromissos e dos shows, nós íamos no Electra, aquele avião de hélice da Varig ou da VASP. E na parte de trás do avião existia uma sala de estar para as pessoas fumarem. Sim! As pessoas fumavam no avião. Meu pai fumava, artistas, músicos, banda, todos fumavam. Então, entrávamos no avião, em uma época em que nem era necessário o cinto de segurança no carro, e já íamos para o fundo, onde se fumava. Me lembro de ser muito pequena e ficar ouvindo atenta às conversas dos adultos, no meio da fumaça do cigarro.

Ir do Rio para São Paulo foi, por muito tempo, a coisa mais divertida da minha vida. E São Paulo, para quem vivia na Bahia, era um lugar em que a gente nem sonhava estar. Para os cariocas, era como se você fosse para Nova York.

São Paulo era onde tudo acontecia.

Depois que meus pais se separaram e ele começou a namorar a Flora, aí as viagens aumentaram. Afinal, Flora é de São Paulo, moderna, antenada, descolada. Era tudo o que a cidade representa para mim.

Minha tia Dedé – Dedé Gadelha – era sócia de uma casa noturna chamada Radar Tantã. Fazia muito sucesso nos anos 1980, todo mundo ia para lá. De Cazuza a Paralamas. E me lembro de ficar desesperada para frequentar a Radar e enchi tanto o saco que um dia me levaram para lá. Foi a glória. As luzes, a música, todo mundo se divertindo. Por essas e outras é que eu pedia ao Senhor do Bonfim para me tornar adulta logo.

Tratamento em São Paulo

Quis a vida que São Paulo fosse a cidade na qual fiz a maior parte do meu tratamento. Eu comecei a fazer quimioterapia no Rio. Mas na quinta sessão eu tive uma sepse.

Me sentia extremamente mal fisicamente. Ainda no Rio, recebi a visita do médico assistente do meu oncologista, que atestou que eu não estava bem e que deveríamos ir ao hospital. Soraya, minha maquiadora, me acompanhou. Ao chegarmos lá, o médico começou a fazer exames de rotina e me colocou no soro para hidratar, porque eu estava desidratada. Nessa madrugada tive um desmaio no banheiro e, assim que acordei, o médico falou que eu faria um ecocardiograma às oito da manhã, pois minha pressão arterial não estava boa.

No dia seguinte a médica veio me buscar para o exame e falei que não estava passando bem, sentia meu ouvido tampado, e desmaiei de novo. Dessa vez, acordei cinco horas depois com um médico colocando o cateter em outro braço, pois o que eu usava na quimioterapia estava entupido. À beira da minha cama estavam Soraya e Marcello, meu empresário. Fico surpresa ao vê-lo ali, pois ele estava com covid-19. Questiono isso e ele me diz que testou e havia dado negativo, que estava bem. Achei tudo muito estranho, mas até ali não tinha noção da gravidade do que tinha me acontecido.

Quando meu corpo "chocou", ou seja, teve o choque causado pela sepse, como os médicos dizem, minha pressão ficou superbaixa, chegando a seis, e meus batimentos cardíacos passaram de 180. Meu organismo ficou completamente descompensado. Para que eu voltasse à consciência, foi preciso inclusive que me reanimassem com injeção de adrenalina.

Tão logo acordei, fui encaminhada para a UTI. Mais tarde fui entender que, apesar de ter voltado do desmaio, meu quadro ainda era grave e corria risco de morte. A bactéria me causou pneumonia, pois fez vários pontos no meu pulmão. Além disso, tive pancreatite, ou seja, meu pâncreas parou de funcionar e tive que ficar dez dias sem me alimentar naturalmente, até que ele voltasse ao normal. E em boa parte do tempo naquele primeiro dia apenas a Soraya estava ali comigo, coitada, totalmente desesperada. Ela ligou para o Rodrigo (que estava viajando – mas contarei mais detalhes disso tudo mais para frente, ao falar sobre o fim de meu casamento) e pediu para que ele voltasse porque eu estava muito mal. Ele ignorou, disse que fazer a troca da passagem de volta custaria muito caro. Do mesmo modo, telefonou para o Marcello, que mencionei, além de Gominho, Flora e Malu – que estava viajando com a família em Angra e voltou correndo.

A sepse não é brincadeira. Eu fiquei mal. Destruída mesmo. Me lembro que no sétimo dia eu ainda não havia conseguido me sentar. Meu pai voltaria de uma viagem e seria a primeira vez que ele me visitaria depois da sepse. Eu não tinha comido nada. Nesse dia, o médico liberou uma sopa rala, praticamente uma água com um gostinho. E eu estava muito na expectativa da sopa. Os fisioterapeutas me sentaram, nem tinha me olhado no espelho ainda. Estava desfigurada, acabada, inchada. Pedi para Soraya arrumar meu cabelo (que bênção ter uma amiga beauty stylist!).

Chegaram! Meu pai e a sopa!

Ele veio com uma camisa com vários símbolos dos orixás. Era uma entidade entrando no quarto da clínica São Vicente. Conversamos pouco – nesse momento eu estava tão grogue que não conseguia nem entender as coisas muito bem. Mas ele foi bem carinhoso:

— Come sua sopinha.

Meu pai é meio fiscal da saúde de todo mundo: ele sempre pega no pé sobre esse assunto. E foi assim desde que eu era criança. Eu esperava algum sermão nesse sentido. Mas, não. Ele foi carinhoso e presente.

Alguns dias depois, a Flora foi me visitar sem ele e fez uma chamada de vídeo. Meu pai apareceu e começou a falar, daquele jeito só dele que eu não vou saber reproduzir fielmente, mas começou assim:

— É, minha filha, a vida é assim, seu pai passou por isso. Sei como é difícil.

Ele estava se referindo à doença renal crônica, a qual ficou um ano tratando. O tratamento quase o matou e, num determinado momento, ele nos chamou e contou que havia desistido de se tratar. Foi um chororô danado. Eu o entendia. Eu via o quanto ele estava sofrendo e o tanto que estava sendo difícil. E via que o tratamento estava matando meu pai. Eu tinha uma resignação com esse tema. Mas minha irmã Maria, por exemplo, falava: "Você não tem essa opção!". Foi muito difícil. Fato é que ele parou com um dos remédios que estava fazendo mal para ele e foi melhorando! Um milagre.

Nessa chamada de vídeo, ele me pareceu voltar à época da doença dele. Era como se ele achasse que eu estava no mesmo momento de desistência. Ele fez um espelho dele em mim. E falou do fato da finitude, de olhar a natureza.

— A natureza é sábia, somos parte dela e vamos voltar para ela. Isso faz parte da vida.

Isso me chocou na hora. Até a Flora me pareceu assustada.

— Flora, estou tão mal assim? – foi o que consegui perguntar.

— Tá louca, Preta? Até parece que você não conhece o seu pai!

* * *

Depois disso, ainda achando que continuaria a me tratar no Rio, conheci alguns outros médicos e um deles me deu muito medo. Perguntei:

— Vou ter que tirar o esfíncter?

— Tudo é possível. Não vou te dar doce. Vou te falar a real.

Ele sempre repetia isso: "Não vou te dar doce. Não vou te dar doce." No sentido de que não iria amaciar nada para mim. Achei um pouco insensível e, naquela hora, tive o insight de ir para São Paulo e ter um cirurgião por lá. Mas a minha ideia era continuar o tratamento no Rio e apenas me operar em São Paulo. Até porque, eu já tinha a dra. Roberta, da equipe do dr. Kalil, que cuidou de meu pai. Ela é meio oráculo da família.

Pois bem, quando eu fui para o hospital Sírio-Libanês, em São Paulo, para conhecer o dr. Fred, dr. Kalil, dra. Roberta, Flora e meu pai também estavam lá. Quando eu entrei no quarto, vieram todos e começaram a falar, falar, falar. Resumindo: era um golpe.

Eles não queriam que eu fizesse a radioterapia no Rio, me explicaram que era importante que fosse em São Paulo, junto do cirurgião, e me convenceram em três segundos que eu teria que me tratar em São Paulo.

— É isso, não tem opção, você vai se tratar aqui – disse meu pai, num jeito de um pulso firme e assertividade que poucas vezes presenciei vindo dele.

E foi um dia muito difícil. Fui com Marcello, meu empresário, e Malu. E o Marcello falou:

— Vou aproveitar que você vai fazer os exames, consegue marcar um check-up para mim?

Era uma loucura: eu, Marcello, meu pai e Flora, todos em quartos diferentes, fazendo check-ups. Nesse meio tempo, me colocaram de cabeça pra baixo, até a biópsia fizeram de novo. Foi quando dr. Kalil entrou no quarto:

— Ela já sabe?

— O quê?

— O Marcello… descobrimos um câncer no pulmão dele. É um câncer pequeno, encapsulado, ele vai operar e ficar bem.

Mais tarde, Marcello entrou em meu quarto, eu estava agoniada. Ele é da família! Estava preocupadíssima com ele, que me diz:

— Eu vou embora! Não vou operar nada.

Meu pai, novamente, foi tomado de uma assertividade louca:

— Não vai, não. Vai ficar. Você vai operar, tirar e acabou.

Graças a Deus, ele operou, nem teve que fazer quimio e hoje diz que tem que agradecer ao meu pai que não deixou que ele saísse do hospital.

Quanto a mim, fui tratada no Sírio-Libanês pelas equipes do prof. dr. Roberto Kalil Filho, da dra. Roberta Saretta, do dr. Frederico José Ribeiro Teixeira Júnior, da dra. Fernanda Cunha Capareli e do dr. Fernando Freire de Arruda. Descobriu-se que a primeira batelada de quimioterapia não tinha surtido efeito, que o câncer estava do mesmo tamanho. Então, naquele momento, eu tracei um plano: eu sabia que faria mais quimio, mais radio, mas que a cirurgia é que ia me curar.

Retomei a quimioterapia oral. Fiz sessões de radioterapia até o início de junho de 2023. Depois, tive uma pausa e no dia 13 de agosto fui internada no Sírio para o grande passo em direção à cura. Ficaria 28 dias internada. Nunca fiz tantos exames e preparativos em minha vida. Também recebi o carinho de amigos, fãs e familiares em um momento delicadíssimo.

Nesse processo todo, eu tentei ser o mais pragmática possível. Todos os momentos de emoção ou tristeza ficaram muito contidos e quase que internalizados. Com o que eu vivia – doença e separação ao mesmo tempo –, se eu botasse tudo pra fora, eu ia cair. Quando se termina a radioterapia, não dá para fazer exames logo em seguida e saber do resultado. Espera-se semanas, e foi somente nos exames pré-cirúrgicos que descobri que o tumor havia diminuído para metade do tamanho. Todos os médicos acharam o resultado muito bom, eu tinha uma chance enorme de não ter que amputar o esfíncter na cirurgia.

Até que chegou o dia. O dia da cirurgia. Era 16 de agosto de 2023. Me lembro de estar eufórica! Meu quarto parecia uma festa: Malu, Gominho, Marina, Gessy – vidente, amiga nossa, falando que ficaria tudo bem. A única coisa que me chateou um pouco – mas que acabou fazendo parte do caos e da euforia – foi que uma enfermeira me disse – às dez da noite do dia anterior – que não poderia operar com aplique no cabelo nem unha de gel, teria que tirar. Acordei e, em vez de me concentrar, estava tirando aplique e tirando a unha às pressas. Com aquele monte de gente no quarto. Eu estava muito feliz.

Fui acordada para o centro cirúrgico, me despedi do Francisco, meu filho, que ia fazer um show, e fui para a sala. Lá, meus médicos começaram todo o processo, me deram o remédio para dar uma acalmada, para fazer a peridural. Dr. Fred, meu cirurgião e anjo da guarda, e dr. Rodrigo, assistente dele, falaram:

— Quer escutar uma música?

— Quero, "Andar com fé".

— Mais uma?

— "Drão".

Eu já estava grogue, mas me lembro de ouvir "Andar com fé" e chorar. Quando começaram os procedimentos, estava tocando "Drão", já que minha mãe não podia estar lá por limitações de saúde e ela estava chateada com isso.

Tenho um trio de santinhas que andam comigo por todos os lugares: Aparecida, Dulce e Oxum. Botaram elas perto de mim na cirurgia e voltei com elas para a UTI. Quando volto, me lembro que estavam a Flora, o Marcello e a Malu e perguntei o horário. Eram três da manhã.

— Como assim? Durou tudo isso? Amputaram meu esfíncter?

— Não amputaram, deu tudo certo.

Apaguei novamente. E tive alguns transes. Conto depois.

Rock in Rio e meu irmão-herói

Eu tinha 10 anos quando meu pai e Flora compraram um apartamento em um condomínio na Barra da Tijuca. Me recordo de a Barra ser só a casa da minha madrinha, Gal. E eles foram lá e compraram na planta, era uma coisa bem diferente do lado hippie de até então. A Flora-paulistana-moderna-da-cidade foi organizando a vida do meu pai. E o apartamento era um passo nesse sentido. Tinha até papel de parede. Eram quatro piscinas e não sei mais o quê; a gente brincava, a Flora levava a gente para almoçar fora. E uma das deliciosas lembranças dos anos 1980: o primeiro Rock in Rio.

Era 1985. A Cidade do Rock foi construída ali pertinho do condomínio na Barra. Durante a construção, a gente ia lá visitar e ficar admirando aquilo tudo tomar forma. Flora estava grávida do Bem. E até meu tio Caetano, que não ia se apresentar, ia visitar a estrutura com a gente, por curiosidade. Era uma superprodução! Eu, criança, enxergava tudo mais gigantesco ainda. Eu e meu irmão Pedro ficávamos para lá e para cá.

Falo do Rock in Rio pois várias coisas emblemáticas aconteceriam ali. Era o auge da new wave e meu pai cortou cabelo diferente, todo cheio de estilo. A Nina Hagen me marcou demais. A gente a encontrava nos bastidores assim, com aquele cabelo colorido e enorme.

E tinha um monte de comida! Sou sempre apegada à comida.

Mas, a maior alegria, para mim, era que meu irmão Pedro ia tocar no palco com meu pai! Ele tinha 14, 15 anos e tocava bateria na banda do meu pai. Ele abria o show com aquele solo de bateria em "Pessoa nefasta". E foi a chegada dos patches eletrônicos no Brasil e meu irmão, adolescente e antenado, foi incentivando meu pai a comprar as baterias eletrônicas que ele ouvia nos discos e fitas cassete das bandas gringas. Numa dessas viagens que meu pai fez, ele levou o Pedro. E voltaram com essa bateria eletrônica para o Brasil. Pedro era um adolescente que tocava bateria eletrônica, algo surreal e inovador demais na época! Ele ficava em casa ensaiando, sem parar, meio nerd, tocando com aquele fone, tirando as músicas da maneira mais perfeita que podia. A gente voltava da escola e o garoto se trancava no estúdio e só ia dormir para ir para a escola no dia seguinte. O restante do tempo passava tocando. E meu pai incluiu isso em suas músicas. Por causa do Pedro. Aquele menino que "brincava" de bateria eletrônica no quarto. Que orgulho do meu irmão-herói!

Para mim, tudo aquilo marcou os anos 1980. Eu nunca falei com meu pai sobre isso, mas, do ponto de vista da criança que eu era, eu via uma transformação do artista de MPB para algo mais pop rock. Até na atitude. Eu me lembro das reuniões com o Simão Azulay, que era o dono da Yes, Brazil. Ele ia lá em casa mostrar os tecidos das roupas... Meu pai usava um macacão todo florido com esse corte de cabelo que o Nonato França, um cabeleireiro muito famoso na época, tinha feito para ele. E ainda usava brinco! Eu amava. E a gente era copiazinha dele: eu e minha irmã Maria. Andávamos igual a ele. Até cortei meu cabelo curto, mas na frente tinha que deixar grande, como mandava a moda na época. Empastava com gel, puxava e ficava uma ondinha.

No geral, era tudo festa para mim. E tudo ficou lindo quando o Bem nasceu. No dia do show do meu pai no Rock in Rio, 12 de janeiro, Flora saiu de lá sentindo as contrações. E todos fomos para a maternidade. Bem nasceu no dia 13, na maternidade Botafogo. E a gente dormia lá, não largava por nada. Eu nem sei como minha mãe administrava esse grude. Mas aquele bebê era tão gostoso!

Caretice?

ENTÃO, IMAGINE VOCÊ: a Lidoka ia beber cerveja com minha mãe em casa. Eu ia para São Paulo e conseguia ir a uma casa noturna. Vivia colocando um compacto de "Lança perfume" da Rita Lee e ficava fazendo show e patinando pela casa. Show da minha madrinha Gal e do tio Caetano? O tempo todo. Rock in Rio? Eu estava lá.

Como eu ia acreditar que existia gente careta?

O máximo que eu entendia é que as amigas da minha escola eram diferentes. Eu sabia que rolava uma diferença. Por exemplo: eu amava ir para a casa delas e viver um pouco daquela rotina de família organizada, com mãe que buscava na escola, horário para fazer as refeições e a família toda junta na hora do jantar. Era todo mundo arrumadinho, as casas eram arrumadinhas. Me lembro da cena em que os pais delas as beijavam antes de dormir e me davam um beijinho na testa também. Na minha casa era uma zona! Cada um dormia a hora que queria, não tinha nada disso. Não existia essa coisa de botar a criança na cama. Eu sabia que tinha que dormir porque precisava acordar às seis da manhã e que, se não dormisse, eu estava ferrada.

Minha mãe, mesmo separada do meu pai, era a grande festeira do Rio. O point dos anos 1980 era a nossa casa. Sempre tinha festa ou esquenta para alguma balada. E eu ficava acordada vendo todo mundo pra lá e pra cá. Não existia marasmo.

A normalidade e a rotina da vida das minhas amiguinhas eram o máximo, e eu via isso como uma diferença. E só. Teve apenas um episódio muito desagradável que me marcou na época, mas que ainda assim eu não tinha entendido como preconceito. Eu tinha uns 8 anos e, na escola, todos iam de condução. A gente, não. E eu ainda era apaixonada por um amiguinho, o Bob, e ele pegava condução. Por isso mesmo eu morria de vontade de entrar naquela perua, com umas dez crianças socadas dentro, sem cinto de segurança, no bagageiro, que era inclusive o melhor lugar para se sentar. A vontade era tão grande que conseguimos convencer minha mãe! E lá fomos nós, conversar com a filha de uma das mulheres que transportava aquele amontoado de crianças em sua perua. A menina conversou com a moça e, no dia seguinte, disse simplesmente:

— Minha mãe disse que filhos de macacos não entram no carro dela.

Não levei aquilo na maldade. Eu não entendi o que era.

Até que chegamos em casa e contamos para minha mãe.

No dia seguinte, ela foi nos buscar. Lembro como se fosse hoje. Era uma ladeira fora do prédio. E lá estava minha mãe, parada; ela tinha quebrado o pé em Salvador, no verão, na Concha Acústica. Estava com gesso e com uma bengala. Saímos eu, Maria e Pedro. Ela nos olhou e perguntou:

— Quem é a mãe da menina?

E tinha aquela fila de Kombis, Belinas e Caravans paradas esperando a criançada. Fiz cara de "não sei", pois percebi que a coisa ia azedar. Meu irmão também não sabia. Mas a Maria, que adorava uma bagunça, apontou quem era. Minha mãe foi para cima com tudo, pegou a mulher pelo pescoço e a sacudia. E batia com a bengala no carro da mulher.

— Você chamou minhas filhas de macacas?

Foi a maior baixaria na porta da escola.

Eu, àquela altura, já estava dentro do carro chorando.

Maria, não, ela adorava uma briga e estava lá, torcendo.

O mais maluco é que isso aconteceu em um dia e, no dia seguinte, foi aula normal. A escola nunca chamou a gente nem minha mãe para conversar.

E segue o baile. Essa é minha mãe. Desde sempre empoderada, nem que seja na porrada.

Beijo gay na aula

Fui crescendo na escola. Eu e minhas paixonites. Detestava ir para a aula, mas estava sempre apaixonadinha. Se eu não fosse apaixonada pelo menino da minha escola, talvez eu nem tivesse feito o primeiro grau. Ia para a escola na fissura de ver o Bob, depois o Berry, depois o Robertinho, enfim... eu me apaixonava pelos meninos da escola e aquilo me dava um gás para frequentar as aulas.

O problema foi na adolescência. Minha paixão pelos mais velhos voltou com tudo e eu fiquei obcecada pelos Paralamas do Sucesso, fiquei obcecada pelos Paralamas do Sucesso. Ficava atrás deles, uma coisa meio groupie, ligava para o Bi. Na minha cabeça, eu namorava o Bi Ribeiro.

A escola passou a ficar ainda mais enfadonha com meu crush estando fora de lá. Eu só queria saber dos shows dos Paralamas. E ia de mal a pior nas aulas. A Amora, melhor amiga da vida, estudava comigo. E a gente não se desgrudava. Uma vez, uma professora de matemática disse que homossexuais eram doentes. A gente sempre teve uma coisa meio telepática, nos olhamos, levantamos, chocadas com aquele absurdo que a professora havia dito, e gritamos:

— A gente é namorada!

— E ser gay não é doença!

Para coroar, nos beijamos na boca, no meio da sala de aula. A professora ficou passada. A gente se sentou entre aplausos de uns alunos e o choque de outros. E fomos para a coordenação. Passada uma semana, nossos pais foram chamados à escola e fomos convidadas a nos retirar. Na época, eles deram um jeito de não parecer uma expulsão. A gente só foi entender que tinha sido expulsa uns bons anos depois, pois eles florearam muito. Diziam que nós duas éramos muito inteligentes, que a gente estava muito à frente do tempo dos outros mortais. Ficamos megaenvaidecidas! Saímos de lá dizendo para nossas amigas que éramos "too much" para aquela escola. Mas a verdade é que a gente tinha sido expulsa mesmo.

Back in Bahia

Minha vidinha no Rio estava prestes a mudar radicalmente.

No final dos anos 1980, meu pai foi ser vereador em Salvador e mudou com todo mundo para lá. Todo mundo, quero dizer eu, Maria e Bem. A Flora estava grávida da Bela. Pedro, que já tinha sua banda, a Egotrip, e era o superstar da família, ficou no Rio, na casa da Barão da Torre, onde havia morado até então. Eu queria convencer a minha mãe de todo jeito que eu tinha que ficar morando com o Pedro, que eu já não era mais criança. Aquela adolescente que se acha adulta. Quando, na verdade, para mim ia ser muito difícil parar de seguir os Paralamas. Meu drama, dessa vez, não deu certo. Minha mãe estava abrindo um restaurante por lá também. Tive que voltar para Salvador.

De volta, fomos para a casa no bairro Stiep. Aquela mesma que acabou se tornando uma casa de veraneio quando a gente passava as férias na época em que morava no Rio. Na minha cabeça, a casa do Stiep era quase um hotel, uma pousada. Eu nunca tinha morado em Salvador depois de grande, só criança. Então, eu estranhava demais aquela casa que não combinava com rotina, com obrigações. Aquela era a casa na qual a gente nem dormia! De onde saíamos para o Ilê. Era do verão, da galera. Então, acordar cedo ali, tomar banho e ir para a escola era um terror na minha vida. A Maria estudava em uma escola melhor do que a minha, pois era muito CDF. E eu estava em uma supostamente mais fácil. E não me adaptava ali, aos amigos novos, não me adaptava a nada. A Preta, estrelinha do recreio, minipromoter, a que beijava a Amora na sala de aula, não existia naquele lugar. Não existia na Bahia.

Fiz 15 anos em Salvador. E, como eram tempos difíceis para mim, eu decidi que queria uma festa, sim. Mas que seria toda diferente. Tinham acabado de inaugurar o primeiro restaurante japonês de Salvador, Sukiyaki, e era a coisa mais diferente que existia na época. E eu, sempre querendo ser a diferentona, convenci meus pais a fazer a festa na cobertura do meu pai e de Flora em Ondina, onde viria a morar logo depois, com um jantar de comida japonesa. A justificativa era de que "um jantar seria melhor, já que eu não tinha muitos amigos lá. Todos ficaram no Rio". Aquele drama básico de cada dia.

Todos os meus avós eram vivos e se chocaram com a festa. Eles pensaram que, em um jantar, no mínimo, ia ter uma banqueteira. Um caruru, um estrogonofe. Qualquer coisa que não fosse um japonês. E eu me lembro deles e de alguns convidados sem saber como comer aquilo e eu amando! Minhas amigas perguntavam se não iam fritar o peixe e eu, metidérrima, pois já comia japonês no Rio, dizia que não e as ensinava a comer. Até vi umas fotos dessa festa um dia desses e o sushi era uma coisa descomunal de grande. Parecia um sabonete. Claro que aconteceu de ter gente que mandou o sushi de volta para a cozinha e pediu para fritar. De qualquer modo, eu estava feliz e poderosa com um macacão branco de renda, o qual eu mesma desenhei, e a costureira fez.

A namorada e
a redenção de Salvador

LOGO DEPOIS DE MEU ANIVERSÁRIO, eu conheci a Adriana. Ela era vendedora em uma loja de roupas no shopping e era amiga de alguns amigos meus. Tinha seus 20 anos, era linda, também era modelo, bem andrógina.

E me apaixonei.

A exemplo do que acontecia com os crushes da escola, Adriana me prendeu a Salvador. O negócio da minha mãe por lá desandou e ela voltou ao Rio; e a gente foi de fato morar com meu pai e a Flora em Ondina. E a essa altura já tinha mais uma bebê! A Bela. Era a coisa mais divertida aquela criancinha. Nós amávamos aquilo tudo.

Depois da escola, eu sempre ia ao shopping no qual Adriana trabalhava e ficava por lá. O Dito, que hoje é assessor pessoal e grande amigo da Ivete, também trabalhava naquele mesmo shopping. Era uma farra, mas eu sempre tinha que descolar uma grana com meu pai para comprar algo, só para poder falar com a Adriana. A gente se paquerou durante um tempo, eu insistia muito. Mas ela tinha medo. Afinal, eu era mais nova, filha do Gil... Eu andava muito com a Lan Lan nessa época. Ela era amiga da minha irmã mais velha, Nara, e comecei a me infiltrar nos programas de adulto. E a Adriana sempre ia.

Chegou o Réveillon de 1989 para 1990. A Flora e meu pai iam viajar. E a Adriana também ia. Fiquei louca e consegui convencer meu pai e a Flora a me deixarem ir com a Adriana e os amigos. Nem era longe, era na Praia do Forte. Eu nunca me droguei, nunca fumei maconha, nunca fiz nada e nem tinha vontade. Então, era normal a galera fumar, beber e eu lá, sóbria e me divertindo muito. Na virada do ano, alguém inventou que tinha que subir em uma cadeira para pular com o pé direito à meia-noite. E procurei um banco, qualquer coisa, para subir. E não tinha. A Adriana já estava em um banquinho e me puxou pela mão. Subi no mesmo em que ela. Quando deu meia-noite, ela propôs:

— Quer namorar comigo?

E me deu um beijo à meia-noite da virada do ano.

Salvador, que era um terror em minha vida, virou uma festa.

Foi a redenção.

A tragédia que me marcaria para sempre

NAMORANDO OFICIALMENTE, voltei do Réveillon para Salvador contando a novidade para todos! Aos amigos do Rio, foi tudo via fax. Era assim que a gente se comunicava. Faxes e mais faxes contando de meu namoro com a Adriana.

O problema é que chegaram as férias de verão e a gente agora ia viver o contrário: iria passar essa temporada no Rio. Eu não queria de jeito nenhum voltar para o Rio. O sofrimento era o contrário. De férias, fui para o Rio chorando no avião. Eu chorava muito nessa época, chorava por tudo.

Morria de saudade da Adriana. E dá-lhe surra de telefonema. No dia 13 de janeiro, fizemos uma festa de aniversário para o Bem e para a Maria. E ela foi de surpresa para o Rio. Foi muito especial. A gente namorou muito por fax também. Como contei, era o auge da modernidade. Eu acordava e eram rolos e rolos de faxes. A gente cortava com uma régua e fazia montinhos de papel para cada destinatário. Até festa era combinada assim.

Tudo corria normalmente em meio a uma infinidade de faxes e eu sofrendo de saudade da Adriana.

Então, um dia, eu estava no meu quarto na Barão da Torre e fui acordada pela Flora, o que não era muito comum. Na época, minha mãe e Flora não eram amigas assim, a ponto de frequentarem a casa uma da outra.

Eu tomei um susto.

— Preta, tenta ter calma. Pedro sofreu um acidente de carro e a gente tem que ir para o hospital.

Aí sim minha vida virou um terror. Não era drama adolescente e nem show.

Era de verdade.

No hospital. Eu me lembro da agonia. Me lembro do Thomaz Green Morton, aquele guru anos 1980, que entortava talheres. Já estava meio que no fim da onda dele e, naquela semana que meu irmão ficou no hospital, ele ficava com a mão na parede do CTI. Mas tinha de tudo: padre, pai de santo, rabino, todo mundo que podia levar uma energia boa estava lá. Meu pai nessa época lia muito I Ching, era moda. Eu lembro que eles jogaram o I Ching um dia em casa e saiu alguma mensagem sobre o mar que renovaria tudo.

No dia 2 de fevereiro, o Pedro morreu, dia de Iemanjá.

O caos se instaurou na nossa vida.

Minha casa virou uma espécie de acampamento. Todos sofrendo, cada um lidando com o luto à sua maneira.

Tive que voltar para o Rio para morar com minha mãe. Ela estava destruída e não era para menos: ela tinha perdido um filho.

Transe

Vamos para 2023. Lembra que comentei de um transe que passei quando estava voltando da anestesia de minha cirurgia? Pois bem. Me senti em transe durante uns dois dias no hospital, variando entre a realidade e não sei o quê.

Logo na volta da anestesia, eu tive um monte de visões, eu vi o Pedro conversando com meu irmão José. Os recados foram para o José. Eu era testemunha da conversa. Eu tenho a teoria de que o José tem muito do Pedro. Ele toca bateria, eu acho que o José tem o Pedro como um protetor, um guia. Acho até que ele sente isso. Ele falava para o José se cuidar, cuidar do lado espiritual. Tudo muito íntimo, que não irei escrever aqui, e eu repassei para o José.

Ainda em transe, eu comecei a ver mais um monte de gente: eu vi o pai do meu empresário – que já morreu. Ele passou um recado que, segundo o Marcello, faz todo o sentido. Nessa hora, eu pedi para a enfermeira um papel e um lápis. E ela não me deu. Disse apenas para "descansar". Nessas, eu me esqueci de um monte de coisa e fiquei com raiva dela, que me privou do meu momento "Chico Xavier".

E só depois de bem acordada é que fiquei sabendo que passei quinze horas na mesa de cirurgia. Além do tumor, os médicos retiraram meu útero, ovários e apêndice. O procedimento, complexo, foi muito bem-sucedido. Meu corpo ficou livre de células cancerígenas. Mas sei que a cura é um processo e envolve exames periódicos, reabilitação para o funcionamento do esfíncter, muita fisioterapia... Um dia de cada vez. Deixei o hospital no dia 10 de setembro e decidi ficar morando em São Paulo por alguns meses. Seria mais fácil, justamente por ficar perto dos médicos, pelas consultas periódicas semanalmente.

Meu pai, que sempre foi muito cuidadoso, passou a ser fofo também. Era um lado dele que via mais com netos, bisnetos... com os filhos adultos, não. Então, outro dia ele mandou uma mensagem fofa em áudio:

— Oi, filha, aqui é o papai.

Achei fofo e vou guardar esse áudio para sempre.

Em São Paulo, pude continuar contando com amigos amados. Minha casa estava sempre cheia. De gente, de amor, de carinho. Fazia minhas fisioterapias e conseguia até participar de alguns eventos. Foi leve, mesmo enfrentando o fim conturbado de meu casamento.

Criança

VOLTANDO AO MEIO DAQUELA TEMPESTADE com a morte do meu irmão e o retorno ao Rio, o Colégio Andrews me aceitou de volta. Acho até que foi por pena. Eu e a Adriana terminamos por causa da distância.

Meu mundo caiu, parte 2. Então, elegi a obsessão do ano: Marina Lima.

Marina é minha prima. Ela e minha mãe são primas. E Marina fazia parte da turma e eu fiquei completamente louca por ela. Sempre aquela coisa platônica, sabe, de admirar muito uma pessoa?

Eram quilômetros de faxes para a casa dela. Eu era tão louca! Sabia que ela morava em Ipanema e que sempre gostava de andar na praia. Pois bem: eu chegava da escola, calçava meu tênis e fica rondando por lá para ver se ela aparecia. Sim, eu stalkeava Marina Lima.

Estava prestes a completar 16 anos e, com minha parceira de vida, Amora, lá estava eu estudando teatro, fazendo curso livre na CAL, fazendo Tablado. Até curso de filosofia eu fazia com a Amora. Ela era intelectual, eu fingia ser. Um belo dia, Marina chama toda a turma na casa dela. Ela iria lançar um disco e queria fazer uma audição em primeira mão para a nossa galera. Lá, tem uma música chamada "Criança". Ela disse que a música foi feita para uma namoradinha da época e não para mim, mas eu achei que era para mim, sim! E para validar a minha alucinação de ser musa da Marina, um dia ela me liga e fala:

— Vai ter teste para o meu clipe na casa do Andrucha, no Humaitá. É para "Criança". Quero muito que você faça esse clipe. Você pode passar lá?

Claro que eu passei lá! Era um clipe dirigido pelo Flavio Colker, produzido pelo Zé Henrique Fonseca e pelo Andrucha Waddington. Era uma coisa de começo de MTV no Brasil. Era um teste de câmera e eu encontrei o Selton Mello por lá. Lembro que tinha que fazer uma dancinha e a Marina amava o meu jeito de dançar, meio maluco, meio misturado.

Uns dias depois, toca o meu telefone.

— Preta, você passou no teste do clipe, a gente vai filmar nos dias 7 e 8 de agosto.

— Mas eu não posso. Dia 8 é meu aniversário e vou ter uma festa na Barão da Torre.

Ao saber disso, Marina me liga:

— Não tem problema, eu volto com você dia 8, assim que acabar as filmagens, e te deixo em casa. Vai dar certo.

E gravamos, na praia. Selton também estava lá. As cenas são em preto e branco. É um clipe lindo. Acabaram as filmagens do dia 8 meio na correria e ela me levou para casa. E ainda foi até a casa dela, tomou um banho, trocou de roupa e voltou para a festa.

Foi um festão. Foi muito importante para mim. Era uma coisa pós-morte do Pedro. Meus amigos e minha família queriam celebrar para me ajudar a sair da deprê.

A primeira vez
(com um homem)

A primeira vez (com um homem)

SE MEU PRIMEIRO NAMORO PRA VALER foi com a Adriana, eu ainda me considerava virgem de homens. Nunca tinha transado com um cara. E a Amora, sempre ela, tinha começado a namorar! Ela é uma das pessoas mais importantes da minha vida, é surreal, a gente se funde. E eu estava sol-tei-ra. Não tinha inveja dela, mas meu maior temor da época era que ela perdesse a virgindade antes de mim.

Como assim?

Eu sempre gostei de me sentir à frente, sempre gostei de ser a mais moderna. O Marcelo Serrado era meu amigo-irmão. E eu tive a cara de pau de pedir pra ele tirar minha virgindade.

— Tá louca, Preta? Sou seu amigo. Nada a ver isso!

Como a gente era muito próximo, vivia dormindo junto. E eu armei para ele, uma vez, tentei seduzir o Marcelo. Olha que louca! Mas eu estava aflita com aquele hímen. Ele sacou e disse:

— Não adianta tentar me seduzir. Eu não posso fazer isso com você. Logo você estará com um namorado e vai se arrepender disso.

E foi nessa época que eu e Amora tivemos uma discussão, dessas de amiga. Passamos uns dias sem nem olhar uma para a cara da outra. Não lembro o motivo da briga, mas me lembro muito bem da saudade que eu sentia dela. Aconteceu um show do meu tio Caetano no Canecão e a gente se encontrou uma hora, cara a cara, e eu tinha duas opções: ou eu virava a cara para ela e nunca mais a gente se falaria ou a gente se abraçava.

Fiquei com a segunda opção.

Amora me olhou, eu olhei pra ela, e ela me disse:

— Eu tenho uma coisa para te contar!

— Eu também! — respondi.

Eu não tinha nada para contar, mas a gente tinha uma grande ligação e eu sabia o que ela ia me falar. E eu simplesmente não podia ficar para trás. Então menti:

— Perdi a virgindade!

— Eu também! — falou ela.

Como estava rolando o show, não dava para entrar em detalhes. Fui para casa pensando em como acabar com aquele hímen dos infernos.

Foi aí que eu tracei o plano para cima de um outro amigo. O Marquinho. Era 1992. Ele já tinha feito uma novela. Em um dia, numa roda de violão na casa da Naná, armei bonito. Ele estava lá e parti pra cima dele. Fomos para a casa dele e pronto, meu plano deu certo. Eu não estava mais com aquela mentira pairando entre mim e minha melhor amiga. Uma curiosidade da vida: anos depois, em 2005, ele e Amora acabaram se casando!

Logo depois, comecei a namorar o Otávio Müller, que foi meu primeiro namorado de verdade e tornou-se o pai do meu filho. Ele me fazia rir. Um cara incrível. Ficamos numa festa e começamos a namorar. Com ele, era diferente. Ele era mais velho que eu, eu tinha 16, ele tinha 26. A gente formou uma dupla. Uma dupla incrível e engraçada.

Vida nova em São Paulo

ENTÃO, PENSA BEM: eu vivia no mundo da fantasia da Tropicália! Eu achava que todo mundo era como a gente, todo mundo era legal, todo mundo era cabeça aberta. Para mim, ninguém era racista, todo mundo era inclusivo, ninguém tinha preconceito. Nunca pensei que as pessoas pudessem ser conservadoras ou julgar os outros pelo modo como vivem ou por como são. Não existia isso na minha vida. Não existia isso na minha turma. Só fui sentir na pele o preconceito bem mais para frente. Aos 28 anos. Quando resolvi me tornar artista. E posei nua para meu primeiro disco. Antes de falar sobre isso, preciso contar um pouco do caminho que trilhei até chegar ao meu primeiro disco.

Eu era uma produtora famosa no meio musical, bem-sucedida. Preta Gil, filha do Gilberto Gil, produtora da Dueto, sócia da Monique Gardenberg. Tinha escritório no Rio, em São Paulo, vivia na ponte aérea, produzia clipes para todos os grandes artistas que estouravam na MTV. Muito dinheiro envolvido e status no mercado publicitário.

Foi nessa mesma época que comecei a engordar. Comia o tempo todo e comecei a gastar demais. Fui desenvolvendo várias compulsões, entre elas por comprar coisas.

Eu até fazia terapia, mas decidi mudar de profissional: o primeiro passo foi entender que eu estava enganando minha terapeuta e que aquilo não ia dar em nada. Já com o novo terapeuta, surgiu a pergunta:

— Preta, você nunca pensou em ser cantora, atriz ou apresentadora? Em trabalhar na frente das câmeras? Sair de trás delas?

Minha cabeça deu um nó. Comecei a relembrar tudo. Pensei na menina que dava seu show nos recreios da escola. Que já havia estudado teatro e que tinha o sonho de ser cantora quando era adolescente. A diretora Tizuka Yamasaki também foi minha professora. Imaginem que fiz teste até na extinta TV Manchete. E não foi só esse: depois acabei fazendo testes para a TV Globo, para a minissérie *Sex Appeal* e para a primeira temporada de *Malhação*.

Aí veio a pergunta ainda mais profunda:

— O que aconteceu que fez você bloquear isso?

Esse assunto dominou as sessões durante um ano. E tem muito a ver com a morte do meu irmão. Foi naquela tragédia que comecei a dar uma abafada em mim mesma. O sofrimento foi tão grande que eu achei que trabalhar fosse me tirar do fundo daquele poço. Eu era adolescente quando Pedro morreu e passei um ano em luto profundo. Nessa época, o Zé Maurício Machline me chamou para fazer um estágio de produção com ele. Eu tinha 16 anos. Foi a primeira vez em um ano que eu parei de pensar no Pedro. Isso acontecia só quando eu estava trabalhando, mas era um respiro. E o trabalho, eu pensava, tinha virado uma "cura". Então, me joguei de cabeça nesse mundo da produção. Me tornei boa no que fazia.

E isso foi logo no prêmio Sharp, que era o máximo! Um prêmio para grandes artistas do Brasil. Foi uma grande escola. Lembro que, com esse primeiro dinheiro que ganhei na vida, comprei uma mochila da Company, que era o auge do desejo dos jovens. E isso sem precisar pedir dinheiro para meus pais.

Passei a trabalhar também com o Nizan Guanaes. Me lembro bem de que ele fez o primeiro grande camarote no Carnaval do Rio, na Sapucaí. Eu era estagiária e cuidava da lista de convidados, que era elaborada por Liège Monteiro, Alicinha Cavalcanti e a Flora, minha madrasta. Todo o credenciamento passava por mim. Agora, imaginem, numa época sem essa coisa de todo mundo ter celular e internet. Como ia cobrar uma foto 3x4 para fazer o crachá das pessoas? Eles achavam mesmo que a Vera Fischer ia mandar a fotinho dela? E a Malu Mader? As pessoas estavam mais ocupadas com seus trabalhos. Tinham uma vida. Lá fui eu para uma banca de revistas com a lista de convidados procurar todo mundo que não tinha 3x4 e era famoso. Comprei *Manchete, Amiga*, todas as revistas que tinham fotos das pessoas em questão. Recortei e fiz os crachás. Eles acharam o máximo, pois ninguém aguentava mais cobrar as tais fotos.

A partir daí, Nizan falava muito que eu tinha que ir para São Paulo, para trabalhar com ele. E eu amava aquilo. Me sentia útil, coisa que, para uma adolescente, é uma glória. Afinal, os pais vivem falando que a gente não faz nada. Adolescente tem muito sono. Eu só queria ir à praia, às festas e não queria estudar, odiava estudar. Trabalhar, para mim, foi a glória. Tinha meu dinheiro, era elogiada pelas minhas ideias e adorava pensar em soluções para problemas. E ainda me esquecia momentaneamente da morte do meu irmão. O teste para *Sex Appeal* apareceu nessa época. Já tinha feito alguns testes e tinham gostado muito dos resultados. Na última etapa da seleção, eu estava com medo daquele calhamaço de texto para decorar.

Então, eu me apeguei ao trabalho e ao meu namorado, Otávio. A peça que ele estava encenando iria para São Paulo. A voz do Nizan, dizendo que eu deveria ir trabalhar com ele em São Paulo não saía da minha cabeça. E eu amo São Paulo. Então juntou tudo: uma "fuga" para a dor que eu sentia pela morte do meu irmão, a última etapa do teste para a TV que estava me aterrorizando, meu namorado que iria passar uma temporada de três meses na terra da garoa e eu mesma, que não queria mais fazer o supletivo no Rio e tinha o meu trabalho com Nizan. Falei com minha mãe e me mudei para São Paulo.

Ela ligou para uma grande amiga dela, a tia Ina, que morava em Higienópolis. Ela aceitou me receber e me mudei logo no começo do ano. São Paulo era muito gelada para quem morava no Rio. Otávio estava morando em um hotel, pago pela peça. Dividia o quarto com um outro ator. Não dava para morarmos juntos naquele momento.

Na época, eu ganhava quinhentos reais estagiando na DM9. Em seis meses, fui efetivada e passei a ganhar 1.500 reais. Otávio já tinha terminado a temporada da peça e conseguimos alugar um apartamento na avenida Higienópolis. Eu lembro que meu dinheiro dava certinho: eram setecentos reais para o aluguel e com o restante do dinheiro, apertado, a gente vivia.

Meu pai não ajudava com grana, mas me deu um carro quando eu fiz 18 anos. Fiz autoescola, mandei minha carteira de motorista por fax e então ele mandou o carro. Um Uno bem velhinho. Com um mês de uso em São Paulo, o motor do carro fundiu. No meio da avenida Paulista. Nizan me ajudou a pagar a retífica do motor. Eu não tinha dinheiro para aquilo!

Como antes eu ia de carona, nunca me atrasava. Mas, quando chegou meu carro, eu que já tinha pavor de acordar cedo, comecei a me atrasar por esse e por vários outros motivos. O carro, a álcool, demorava uma eternidade para esquentar, eu não sabia dirigir em São Paulo e não existia Waze: eu vivia tendo que parar para consultar aquele guia de ruas (de papel) que ficava no porta-luvas. Um belo dia, chego na agência e tinha um cartaz enorme do Nizan bem na minha porta. "Preta Gil, esta agência se chama DM9 e não DM9h30. Não se atrase mais." Fui à sala dele e tomei um esporro. Ele disse que eu tinha que dar exemplo, que ele não podia passar a mão na minha cabeça e que tinha muita gente de olho, achando que eu estava lá só por ser filha do Gil. Nizan estava certo. Era o sonho de muita gente trabalhar lá. E eu havia sido efetivada. Tantos passavam do estágio e não ficavam... me lembro que até o Luciano Huck estagiou por lá, no atendimento.

Então, para ganhar tempo, pensei em uma tática (eu e minhas táticas): eu descia para a garagem do prédio, ligava o carro, botava para baixo a alavanquinha que fazia acelerar sozinho e ia tomar meu banho enquanto aquele motor esquentava.

Um dia, tive que sair do banho correndo, enquanto o síndico esmurrava a minha porta e gritava comigo:

— Você vai botar fogo no prédio!

Desci e a situação era horrorosa. Uma fumaça preta tomava conta de toda a garagem. E minha tática foi por água abaixo.

Outra tática legal que arrumei foi a de conseguir ir para o Rio de graça aos fins de semana para visitar minha família e amigos. Eu pegava muito ônibus para ir e voltar do Rio, mas era parte da minha função no trabalho etiquetar, separar todas as cópias de veiculação dos filmes publicitários e entregar para um rapaz, que ia na minha sala por volta das cinco da tarde toda sexta-feira. Descobri que ele pegava as fitas, ia para Congonhas, pegava um voo para o Rio e deixava nas emissoras. Depois, voltava para o aeroporto e retornava para São Paulo.

Com os custos disso em mãos, consegui convencer meus chefes de que seria mais barato comprar as passagens para mim e deixar que eu fizesse isso. Com a condição de que meu voo para São Paulo fosse no domingo. E deu certo. Mauricio e Cacilda, meus chefes na época, me diziam:

— Mas você é muito esperta, Preta Gil. Descobriu a maneira mais fácil de ir para o Rio todo final de semana. E de graça!

Preta em Praga

Nessa época de Sampa, o Otávio trabalhava com a Bia Lessa e eles foram convidados por um festival na Alemanha para se apresentar em Munique e em Hamburgo. Oba! O problema é que uma apresentação era no começo de junho e a outra, no final do mesmo mês. As passagens eram por conta do festival, mas não dava para voltar. Tinha que ficar por lá e se virar com a hospedagem.

Na época, o Fernando Henrique Cardoso era Ministro das Relações Exteriores e, durante uma visita à DM9, me ouviu comentando sobre o grupo de teatro do meu marido que iria para a Alemanha. Ele me aconselhou a pedir ajuda na embaixada alemã e lá fui eu. Montei um projeto com a Bia e eles toparam arrumar uma verba para que a gente pudesse se manter por lá. Mas tinha que ter uma contrapartida cultural. Na DM9, abri um mapa-múndi que tinha por lá e falei para a Bia:

— A gente pode ficar esses 25 dias em Praga.

E, disso, a gente resolveu fazer um curta-metragem inspirado na obra do Franz Kafka. Fui a várias produtoras de São Paulo procurar apoio e consegui da RBS. Eles emprestaram uma câmera que era tão grande, mas tão grande, que não podia viajar sozinha e com a qual ninguém sabia mexer. Por isso um operador foi junto. Pedi minhas férias, alugamos dois apartamentos e fomos para Praga!

Eu não sabia falar nada, mas aluguei uma van e dirigia por lá. Com meus 18 anos, dirigindo em Praga, indo ao supermercado, cozinhando. A gente pegou os figurinos da peça, todos feitos em papel, e lá fomos: Betty Gofman, Otávio, Dany Roland... e a gente gravava as cenas pelas ruas.

Uma loucura!

Grávida

DE VOLTA PARA A MINHA VIDA NO BRASIL, engravidei do Francisco. Não tinha mais sentido morar em São Paulo. Precisava de minha família naquele momento. Então, pedi demissão da DM9. O Nizan ficou mal na época, dizia que eu tinha um futuro brilhante lá, mas não teve jeito.

De volta ao Rio, aqueles meus amigos do clipe de "Criança" tinham aberto a Conspiração e me chamaram para ser uma espécie de faz-tudo. Fiz figurino, assistência de direção de arte…. Uma curiosidade da época é que o apartamento em que o Otávio morava estava sublocado e só iam devolver dali a três meses. Como a peça que ele fazia tinha o apoio do hotel Copacabana Palace, fomos morar lá. Sem um tostão no bolso e vivendo no Copa! A gente não podia tomar uma água do frigobar, pois não podia pagar, mas morava no Copa.

E meu pai e Flora fizeram uma surpresa linda: a ajuda dele é sempre pontual, e muito importante. Eu estava na cozinha e desci com eles quando dou de cara com um Uno, dessa vez zero km, com um laço em cima. Do retificado para o zero km. E com um laço! Eu chorava, chorava e notei uma chave: era de um apartamento na Gávea, para eu começar minha vida nova. Era um imóvel pequeno, mas o suficiente para minha nova família. Não tinha nada, então a gente fez um chá de panelas e de bebê juntos. Meu tio Caetano me deu uma máquina de lavar, a Marieta e o Chico me deram o fogão e a gente se mudou para o nosso apartamentinho da Rodrigo Otávio.

Foi lá que minha bolsa estourou. E foi de lá que tive que ir dirigindo para a maternidade, pois o Otávio ficou tão nervoso e histérico que não tinha a menor condição de dirigir. O dr. Paulo Belfort era o médico da Flora, fez todos os partos dela. Flora o indicou para mim, mas, como não aceitava convênio, resolvi fazer meu parto com a mulher dele, a dra. Angela, que aceitava o plano de saúde. A dra. Angela me acompanhou durante o pré-natal todo, mas, no dia do parto, quando eu cheguei ao hospital, ela estava lá com... o dr. Paulo.

— Não vou abrir mão de fazer o parto do seu filho.

Ah, que fofo. Emoção. Um casal de obstetras só para mim! Acontece que, estava eu, deitada na cama, e lá iam ver minha dilatação. O dr. Paulo botava a mão na minha vagina e "acho que dá pra esperar ainda". Tirava a mão e a dra. Angela colocava a dela e "ela já tá com quatro dedos de dilatação". E os dois lá, botando a mão na minha vagina e discutindo se estava na hora ou não. Uma hora eu me irritei e gritei:

— PAROU! Parem os dois de ficar enfiando o dedo na minha xereca! Cansei... eu quero ter logo meu filho! Vamos pra essa sala de parto. Faz cesariana, não quero mais esperar.

Francisco nasceu no dia 20 de janeiro de 1995, feriado, no meio do verão... Minha família, no verão, como sempre, se mudava para Salvador, então não havia ninguém no Rio.

Depois de três semanas, eu estava na pousada da minha mãe em Três Rios com o Francisco e comecei a sentir dores. Voltei ao Rio e foi um vaivém de hospital em hospital até que descobriram pedras na minha vesícula. Eu teria que operar urgentemente.

Fiquei no hospital com meu filho do lado, operada, e só então minha família voltou e foi me visitar. Pela operação e para conhecer o Francisco. Foi uma fase bastante difícil, eu era muito nova. O leite "empedrou", já que eu não podia dar de mamar por estar tomando antibiótico por causa da cirurgia. E voltei para casa destruída: a cesariana e a operação da vesícula não me deixavam ficar em pé. Eu andava curvada. Era muito difícil cuidar do Francisco.

Então, uma grande amiga nossa, a Lilibeth Monteiro de Carvalho, foi me visitar e ficou horrorizada. Ela tinha três sobrinhas que estudaram comigo e a babá da vida inteira delas, Nilza, tinha acabado de se aposentar. Ela pagou a Nilza para passar um mês comigo.

Um dia, entra essa negra linda, com uns 50 e poucos anos, cheia de joias de ouro, um turbante na cabeça, uma aparição, uma entidade. Eu abri a porta e falei:

— Você está na casa errada.

— Você não é a Preta? Lilibeth me pediu que viesse.

Imagina uma mulher que trabalhou na casa dos Monteiro de Carvalho indo para o meu apartamentinho. Eu era uma fodida, encurvada, com um bebê no colo e uma casa mal montada. Nilza foi para ficar um mês e acabou ficando treze anos trabalhando comigo. Só parou quando morreu... mesmo quando fiquei sem grana, ela não me deixou. Foi um anjo na minha vida e na do Francisco.

Nessa época, trabalhei com o Guilherme Fontes, até que a Monique Gardenberg, dona da Dueto Produções, tinha acabado de fazer *Jenipapo*, primeiro longa-metragem dela, e planejava abrir uma divisão de filmes na empresa. Monique então perguntou para mim se eu não queria me tornar sócia dela. Não pensei duas vezes. Fui com a cara e a coragem. E a gente abriu a Dueto Filmes e começamos a todo vapor na torre do RioSul.

Nesse meio-tempo, eu e Otávio fomos nos tornando cada vez mais amigos e menos marido e mulher. O amor se transformou. Se transformou numa coisa linda, de amizade. Mas o casamento acabou.

E me apaixonei pelo Rafael Dragaud, que é roteirista e contrarregra e trabalhava na companhia de teatro da Bia. Depois que eu tirei a vesícula, engordei muito. Uns trinta quilos. O Rafael gostava de mim daquele jeito. Tanto que fiquei uns bons anos assim. Nem me sentia gorda, nem nada. Rafael acabou indo morar comigo e eu fui me tornando uma workaholic.

Em menos de dois anos, nos tornamos a terceira maior produtora de publicidade/audiovisual do Brasil, só perdíamos para a Conspiração e para a O2. E, com 26 anos, eu me dividia entre o Rio e São Paulo e o Francisco ficava no meio disso tudo. O pai dele sempre foi um pai muito presente e o Rafael também me ajudou bastante. Tive sorte.

Assim como o Otávio, o Rafael é um cara importantíssimo para mim. Um amor que se transformou e de quem hoje sou muito amiga. Amiga dele, da mulher e do filho lindo dos dois, Antonio.

Mas passamos por uma barra juntos. Rafael sempre quis ser pai. E eu queria ter um filho dele. Engravidei dele. Seria um menino. Todos estávamos felizes e Francisco estava no céu que ganharia um irmãozinho. A gente tinha uma amiga taróloga na época, que disse ao Rafael que eu ia perder o bebê. Então, ele viveu com esse medo por meses. E ele não me contou. Mas fui envolvendo o Francisco, o levava até nos exames, ultrassons... o tempo foi passando e Rafael achou que nossa amiga taróloga havia errado a previsão. Num ultrassom, naquele momento, na expectativa de ouvir o coração:

— Não estou gostando do que estou vendo – disse o médico.

Tiramos o Francisco da sala.

— O coração parou.

E foi um caos. A gente correu para o hospital, para fazer essa cesárea, para tirar o bebê... parecia cena de filme. Me lembro de flashes, da gente no centro cirúrgico. Na época eu tinha uma doula, queria ter um parto normal. Chamamos ela também, para me ajudar, foi um drama horroroso.

E o Rafael muito destruído. E eu, destruída e tendo que apoiar Rafael e Francisco, que não tinha entendido o motivo de o irmão não ter ido para casa.

Seis meses depois, engravidei de novo.

Agora vai! Agora vai!

E aconteceu tudo de novo. Dessa vez, com três meses. Filme repetido. Mesmo pesadelo. Corri para o hospital – tudo na clínica São Vicente, onde eu tive Francisco, onde eu recebi meu diagnóstico de câncer e onde eu comecei meu tratamento. Deu para fazer uma curetagem. O feto foi para uma pesquisa e a gente descobriu que tinha uma incompatibilidade. Ele sempre quis ser pai e a gente percebeu que isso não aconteceria.

Eu me lembro de ter ficado numa tristeza daquelas que a gente sente poucas vezes na vida.

Mergulhei no trabalho. Com a graninha que começou a entrar, vendi o apartamento da Gávea, juntei mais um dinheiro e comprei o apartamento que a minha prima Patrícia Pillar estava vendendo. Também na Gávea, bem maior, e a Patrícia facilitou o pagamento. Foi ótimo. Dois amigos meus, que tinham acabado de se formar na faculdade de arquitetura, foram responsáveis pelo projeto: o Thiago Bernardes e o Miguel Pinto Guimarães. São superarquitetos hoje em dia.

Minha rotina era a seguinte:

Sete da manhã deixava o Francisco na escola;

Oito da manhã pegava a ponte aérea para São Paulo;

Trabalhava feito uma louca, comendo um monte de besteira o dia todo;

Sete da noite pegava a ponte aérea de volta para o Rio;

Oito da noite chegava no Rio, colocava Francisco para dormir;

E repetia tudo no dia seguinte.

Eu tinha uma vaidade de estar me tornando uma mulher de sucesso, tinha escritório no Rio e em São Paulo, tinha uns sete diretores trabalhando para mim, a gente fazia as maiores campanhas, a Dueto se tornou um fenômeno no mercado publicitário...

E então eu comecei a dar sinais de "defeitos" graves.

A compulsão

DESENVOLVI UMA COMPULSÃO POR COMPRAS. Eu descobri a Daslu e deixava praticamente todo o meu dinheiro lá...

Pessoas próximas a mim, como minha sócia, perceberam. E me sugeriram fazer terapia. Minha mãe também começou a ficar muito preocupada. Lembro de quando meu apartamento ficou pronto. Fiz uma obra gigantesca, mas não tinha móveis na sala porque eu estava sem grana. Um dia, cheguei em casa e minha mãe estava sentada na sala com a Monique e com a Mari Lobo. Tinha bolsas e sapatos demarcando lugares no chão. E me disseram:

— Você comprou essas coisas e com cada uma delas você mobiliaria sua casa. Você tem um filho, precisa de uma estrutura, isso é para você entender o que o médico disse em relação a prioridades. Essas bolsas não são prioridades para você.

Àquela altura, elas já sabiam que eu tinha uma doença e que eu não podia mais comprar. A Monique e a Flora me interditaram: eu não tinha mais acesso ao meu dinheiro, eu não tinha talão de cheques, eu não tinha cartão, nada... vivia com uma mesada controlada. E todo o meu dinheiro era usado para pagar dívidas que havia feito com o cartão.

A interdição fazia parte do tratamento do dr. Paulo Blanco, que era o meu psicólogo. O meu motorista, Aguinaldo, era uma figura muito especial. Sabia tudo de mim, me ajudava. Nesse momento da interdição, quis ir até a Daslu. Ele me levou. Escolhi uma bolsa Dior, uma Prada, um sapato Miu Miu. A conta da época deu 45 mil reais. Interditada e sem dinheiro, fui até o Aguinaldo e falei:

— Me empresta dez folhas de cheque assinadas.

E ele me emprestou. Em branco e assinadas. Dividi a conta em dez vezes e saí de lá com as coisas. Olha o que eu fiz! Eu poderia ter sido presa. Deveria ter sido internada, sei lá. Escondi essas coisas em casa e só aparecia usando elas quando ninguém que sabia da minha compulsão iria se encontrar comigo. Até aí, tudo bem. Até o primeiro cheque cair. Óbvio que o motorista não tinha fundo. Ligaram para a Dueto, que foi o telefone que escrevi no cheque. Cheguei lá um dia e todos me aguardavam sem acreditar no que eu tinha feito. Dá-lhe esporro e choradeira. Foi o fundo do poço para mim.

Eu suava frio de vontade de comprar. Parte do tratamento consistia, por exemplo, em ir ao shopping, dar uma volta e não comprar nada. Eu tremia e tremia e tremia... a ponto de um psiquiatra ter que me receitar ansiolítico.

Hoje, mais velha, me preocupo mais, estou mais perto da finitude do que antes. E guardo dinheiro, ok? Consigo enxergar minha velhice que vai chegar e tenho a consciência de que preciso, quero estar preparada. Preciso de uma estabilidade. Todo dia a gente vê exemplos de artistas que trabalharam uma vida toda e que, quando chegam à velhice, não conseguem se sustentar.

Cuidando de mim

QUANDO CHEGUEI A MAIS DE CEM QUILOS, aí achei demais. Do dia para a noite, me percebi muito gorda. Me lembro do dia do batizado do Francisco e do aniversário de 1 ano. Comentavam comigo: "Preta, você está sem pescoço." Sim, eu estava adoecida, sobrecarregada e passando por uma separação, entrei num segundo casamento e não percebia que meu corpo estava pedindo ajuda. Mas os olhares e julgamentos não me deixavam esquecer que estava ganhando muito peso. Era uma crítica com aquele tom de "ah, é pro seu bem".

Lembro que não fui para uma nutricionista, mas marquei um cirurgião plástico e ele me pediu que emagrecesse uns vinte quilos antes de fazer a abdominoplastia. Minha barriga da gravidez ficou muito flácida, tinha uma megapochete e, na época, não tinha como eu me amar, não tinha ninguém com pochete feliz entre meus amigos e muito menos nas revistas. A única opção era me livrar dela. Todo esse processo, até culminar na cirurgia plástica, não tinha um foco na minha saúde, mas sim na minha aparência física. Tomei remédios pra emagrecer e poder fazer a plástica. Fiz a cirurgia e finalmente voltei ao meu peso de antes da gravidez. Porém, agora com uma prótese no peito. Aquele famoso "aproveita que está anestesiada e coloca silicone".

Meu peito sempre teve um formato caidinho lindo que eu amava, mas quando emagreci ele caiu mais, então, vamos levantar.

No final desse processo, passei por mais uma separação. Meu marido na época era o único que detectou que eu não estava agindo conscientemente, mas sim num efeito manada, superinfluenciada e oprimida por uma sociedade gordofóbica. Lembro bem dele me dizendo:

— E sua saúde? Seu corpo está magro, está no padrão, mas nitidamente não está saudável.

Aquilo me angustiava, acabei o julgando errado e o casamento, que já vinha em crise por causa dos abortos, acabou.

Estava lá, com 25 anos, magra, solteira (não por muito tempo), com um filho lindo de 5 anos, sócia de uma das maiores produtoras de audiovisual na época, mas não estava feliz.

Foi aí que conheci e me apaixonei pelo Caio Blat. O Caio me ajudou muito nessa história. Foi a adrenalinazinha de que eu precisava para sair da zona de conforto em que estava.

Para me aproximar mais do Caio, decidi ir por meio de minhas táticas. Ele estava estourado na novela *Um anjo caiu do céu*. Como ele me disse que seu sonho era dirigir uma peça, eu resolvi produzir a peça *Macário*. E o Caio era apaixonado pelo Mautner, então o convidei para fazer umas leituras com a gente e chamei meu ex-marido, o Otávio, que era um cara que o Caio também admirava muito. E montei a peça. Nesse meio-tempo, ele também se apaixonou por mim e a gente acabou namorando.

Mas, imaginem um ator de 20 anos, estourado, todo mundo em cima... Eu era muito ciumenta e não tinha a menor estrutura para viver aquilo. Começou a ficar difícil e aí durou o que tinha que durar.

Devo ter sofrido uns quatro ou cinco dias com o término e continuei a trabalhar. Namorei por uns dois anos o João Paulo, que depois se casou com minha irmã Bela. E voltei a mergulhar no trabalho. Passei a dirigir clipes de bandas como KLB, SNZ, SPC. Só siglas! E, ao mesmo tempo, continuava fazendo terapia. E comecei a entender que o que eu queria mesmo na vida era sair de trás das câmeras e passar para a frente delas.

11 de setembro

VIRA E MEXE SURGEM AQUELAS PERGUNTAS do tipo: "O que você estava fazendo no 11 de setembro?" Afinal, aqueles atentados mudaram o curso da história.

Pois bem, eu estava nos Estados Unidos com meu tio Caetano.

Ia acompanhá-lo em um Grammy, em Los Angeles. Ele ia receber um prêmio em nome dele e de meu pai. Meu tio iria até se apresentar naquela noite. Como meu pai não podia ir, pediu para eu ir representá-lo. Fomos, então, eu e meu irmão Bem. Estávamos todos lá e aí rolaram os atentados...

É uma situação na qual você se sente em um filme.

A gente em Los Angeles e aquele medo de um avião cair em cima de nós. Rolou um pânico generalizado e fomos todos para o quarto do tio Caetano, numa espécie de vigília, e ficamos assistindo ao noticiário na TV, falando com nossas famílias no Brasil, para tentar tranquilizar a todos. O espaço aéreo de Los Angeles estava fechado e não tinha como voltar. Meu filho estava no Brasil, rolava uma sensação de impotência, de "nunca mais vou vê-lo". A dimensão do que havia acontecido era absurda.

Nisso, a gravadora do meu tio, a Universal, fez uma verdadeira operação para tirar a gente dos Estados Unidos pelo México. Então, passamos pela fronteira, chegamos a Tijuana, e, em um pequeno aeroporto, pegamos um avião até a Cidade do México. Tijuana é bem coisa de filme também. Você atravessa e é outra realidade. Ficamos um dia na Cidade do México, dormimos lá e acabamos saindo para jantar em um clima de "conseguimos sair dos Estados Unidos". Uhul!

No dia seguinte, pegamos um voo Cidade do México-Brasil.

A reviravolta

Nas conversas com meu terapeuta, começou um papo de eu me aceitar e de me resgatar. E ele me deu um ultimato:

— Eu quero que você faça alguma coisa artística, qualquer coisa! Seja uma peça de teatro, um showzinho... mas quero que você resgate isso. Existe um relógio da sua consciência que está gritando dentro de você. Você vem abafando isso por muito tempo.

O luto pela perda do meu irmão teve muito a ver com meu caminho na música. Antes disso, a ideia era realmente ser atriz. Eu não pensava em ser cantora naquela época.

Perder um irmão aos 15 anos de idade, sendo que ele era meu ídolo, um popstar. Um cara muito amado, muito querido, muito talentoso, gente boa, engraçado, alto demais (tinha 1,90m), um gigante com 19 anos de idade. Não foi nada fácil. É uma dor que eu não consigo descrever, nem aqui nem em lugar nenhum. Pense na maior dor que você sentiu em toda a sua vida. Pois então, foi a maior dor da minha vida.

A Marina Lima já havia falado que eu tinha uma voz linda e até me chamou para ser backing vocal dela. E o curioso é que a música voltou para a minha vida justamente quando eu repensava meu lado artista. Relembrando, hoje, eu já tinha gravado em estúdio quando criança, mas aquilo era uma farra. Uma brincadeira que eu e minha irmã Maria fazíamos. Gravávamos "Sítio do Picapau Amarelo" com meu pai. Aí, sempre que tinha um coro infantil, chamavam Preta e Maria. Foi assim com minha madrinha, com a Simone. Sempre Preta e Maria. Pensando bem, se Maria não fosse tão tímida, acho que teríamos sido uma dupla MPBística. A gente se ninava! Como sempre dormimos no mesmo quarto, as duas cantavam, uma para a outra. E a gente fazia arranjo vocal, cantava a primeira voz, a segunda voz, o coro, os solos. Tinha uma música pela qual éramos muito doidas, "Feminina", da Joyce.

Ó mãe [...]
Então me ilumina, me diz como é que termina?
Termina na hora de recomeçar [...].

Tudo isso voltou com uma força ímpar.

E eu precisava tentar cantar.

Foi a primeira opção e muito por conta da minha amizade com a Ivete e com a Ana Carolina. Eu trabalhava com as duas enquanto era produtora, produzi vários clipes da Ivete e da Ana. Fora do trabalho, em nossa intimidade, a gente tinha uma vida, digamos, artisticamente agitada. Explico: em casa, a gente fazia violada e cantava. Tanto com a minha turma do Rio, com a Ana, quanto com minha turma de Salvador, com a Ivete.

Contando aqui, parece que a escolha desse caminho foi fácil. Afinal, a música sempre foi a coisa mais forte na minha vida, mesmo que eu não estivesse no palco. Meu pai é o Gil. Minhas tias, minha madrinha, grande parte de minhas amigas estavam no palco. Se a gente estava em casa, já começava a cantar.

A Ana vivia dizendo:

— Não consigo entender por que você não é cantora. Você entende de música, você ama música, você tem um repertório muito vasto de MPB.

A Ivete me dizia coisas muito parecidas.

Eu só conseguia responder:

— Vocês são duas loucas!

E foi com certo custo que comecei a perceber que, mesmo que eu tivesse fugido do palco por muitos anos, aquele era o lugar onde me sentia mais à vontade. Vivia isso através do meu pai e dos meus amigos, mas não vivia a minha própria história.

Meu palco.

Então, a questão da música apareceu com urgência dentro de mim. Comecei a contar isso para as pessoas próximas. Com certo receio, mas lá fui eu.

Lembro de começar devagar. Ainda não tinha saído de minha produtora. Não dava para simplesmente largar tudo de uma hora para outra. Eu ainda queria saber, precisava saber, qual era o meu caminho de verdade. Uma de minhas grandes e melhores amigas, a Naná Karabachian, já tinha sido empresária de vários artistas. Quando contei a ela o que queria, ela me deu a mão. E um grande amigo meu, guitarrista do meu pai, Celso Fonseca, tinha um estúdio no Leblon, chamado Geleia Geral. Foi ele quem me ajudou a dar o primeiro grande passo para que aquilo tudo virasse realidade.

— A gente tem que gravar para você ouvir a sua voz.

Bingo!

Olha eu, querendo ser cantora e sem nunca ter ouvido a minha voz numa gravação. Bem minha cara esse tipo de loucura. Então eu gravei. Gravei duas músicas, "Cores vivas", do meu pai, e "Eu me rendo", do Fábio Jr. E odiei me ouvir. Sou muito autocrítica.

Mesmo frustrada, pensava nos conselhos de Ivete e Ana. E, para meu espanto, Naná e Maitê Quartucci, que era mulher do Celso na época, decidiram ser minhas empresárias. Atordoada, segui em frente. Avisei Monique e Casé, meus sócios, que eu ia cantar. Os dois me deram um apoio enorme.

E, quando eu finalmente tomei coragem e disse para Ivete e Ana que não tinha mais como fugir da música, elas não ficaram só na teoria. A Ana me deu "Sinais de fogo", que até hoje é meu hino entre as pessoas, a minha música mais conhecida, e a Ivete me emprestou o estúdio dela. Fui apaixonada por Ana, a conheci produzindo um videoclipe dela, me apaixonei, e vocês já sabem, né? Stalker, anel de ouro... mas nunca tivemos nada. Foi platônico.

Aproveito aqui para fazer um agradecimento. Um livro é sempre algo de muita responsabilidade. As coisas ficarão registradas para sempre. E uma delas é meu agradecimento, público, notório e carinhoso, para Ivete e Ana, por me apoiarem nesse momento tão importante.

Como muita coisa que já passei, aquele começo foi marcado por um medo enorme. Tudo foi muito experimental. E, para me sentir amparada, precisei me conectar com amigos. Fiquei com receio de chamar músicos profissionais que não conhecia. "Imagina o mico se algo der errado", eu ficava repetindo para mim mesma. Ao mesmo tempo, eu tenho amigos que são músicos profissionais incríveis. E recorri a eles. Pensei no Davi Moraes, que era casado com a Ivete na época, e no Pedro Baby, que é meu amigo de vida inteira e que estava voltando de Nova York. Pedro me sugeriu o Betão Aguiar, baixista incrível, filho do Paulinho Boca de Cantor. Betão não só topou como levou seu irmão, Gil, que estava voltando de Nova York também.

Quando eu vi, eu tinha uma banda! E não só uma banda como uma banda dos sonhos. Uma puta banda! E a gente se chamava de os Novos Bárbaros, que era uma mistura dos Novos Baianos com os Doces Bárbaros. E eles foram muito generosos, compraram a minha briga.

Não tinha mais como correr. Me tranquei com a banda durante três meses em um laboratório. Eu escutava muito Hyldon, Cassiano, Tim Maia... Ivete aparecia de vez em quando, ouvia a gente e dava uns toques. A Ana saiu do Rio, pegou um avião até Salvador, ficou o dia inteiro comigo no estúdio, ouvindo atentamente, e depois se sentou comigo e começou:

— Essa música aqui você está cantando no tom errado, você tem que subir. Já nessa aqui o tom está muito alto para a sua voz, baixa dois tons. Esse arranjo está acelerado demais para você, você precisa cantar essa música mais para trás para sua voz brilhar. Essa música eu entendi que você acha graça cantar, porém...

Ela falou coisas para mim como uma professora. E fiquei muito chocada com a disposição e a disponibilidade dela para me ajudar nesse nível. É muito raro na vida você encontrar pessoas assim. E ela me disse a verdade sem medo, o que foi muito precioso para mim. Todas essas atitudes iam me comovendo e fui percebendo que estava valendo a pena sentir aquele medo, aquele vazio.

O recomeço é um vazio. Você precisa reconquistar tudo: desde a sua autoconfiança até a aprovação alheia.

E decidi, com essa cara de pau que Deus me deu, fazer um show sem disco mesmo e sem ser conhecida como artista. Não sei de onde tirei essa ideia absurda. Ou melhor, acho que sei, sim. Eu estava louca para me mostrar! Eu queria começar. Precisava do palco. Algo me dizia que seria muito importante. Pois bem, consegui uma data no Mistura Fina, no Rio de Janeiro.

E foi um show superdoido. "Baba, baby", da Kelly Key, estava estourada. Quis cantar numa versão tango. A própria banda achou aquilo surreal. Mas eu sou isso, uma grande mistura. Sem preconceitos. Eu cresci assistindo ao Chacrinha! E essa mistura foi a chave de tudo desde o início. Misturamos clássicos da MPB com músicas autorais e Kelly Key. E fizemos duas apresentações.

Naquele palco, naquela hora, eu me senti! Fiquei realizada. Entendi que ali era e é o meu lugar, sem dúvidas. Foi uma catarse, um escândalo. A recepção do público foi calorosa, tinha amigos ali que entenderam, naquele show, que eu tinha nascido para fazer aquilo. A minha ficha caiu, completamente, ali. Eu entendi que nunca mais poderia parar de cantar na minha vida. O que eu tinha vivido antes, profissionalmente, por mais sucesso que tivesse, era sobrevivência. Não era uma vida. Por mais autocrítica que eu seja, me deem uma licença aqui de dizer que foi muito, muito corajoso da minha parte fazer isso. O medo que eu tinha era uma dor física. E tive que lidar. Eu estava largando a minha produtora num momento em que eu era muito bem-sucedida, tinha um nome no mercado, era famosa no meio da publicidade. E, de repente, desconstruí tudo isso por uma coisa que pode parecer banal, uma vaidade.

Eu não era uma adolescente começando. Era uma mulher mais velha. Já tinha meus 28. Tinha filho para sustentar. E vendi o apartamento em que eu morava, e tinha colocado o dinheiro de anos de trabalho, para poder sobreviver até onde desse, enquanto a música não me sustentasse. Imagina uma cabeça com tudo isso? E imagina chegar ao palco e esquecer dos problemas todos por uma hora e meia? Me entregar e ser feliz, ser eu mesma?

Ali, eu podia ser Preta.

Sem grana,
mas com alegria

QUANDO DECIDI VENDER MEU APARTAMENTO, não imaginava como ia ser meu caminho. Eu vivi da grana dessa venda durante quase dois anos. Eu era uma mulher rica e tive uma mudança muito drástica nos meus hábitos. Voltei a morar com a minha mãe, o que, para uma pessoa tão independente como eu, que saiu de casa aos 16 anos, era a parte mais difícil. Tive que engolir orgulho, vaidade, ego…

Ao mesmo tempo, a venda do apartamento e o dinheiro contado foram um processo de cura. Cura daquela compulsão louca por comprar. Eu ainda tinha uma dívida grande com o cartão de crédito. Paguei e fiquei com um dinheiro guardado, que seria o dinheiro com o qual eu iria me manter para começar a vida do zero.

Mas, a partir dali, eu não tinha problema nenhum em dizer aos meus amigos que não poderia sair para jantar com eles por estar sem grana. Viajar, então, nem pensar! Ou eu jantava fora ou eu comprava o almoço do meu filho no dia seguinte. A vida mudou completamente. Eu tinha motorista, babá, cozinheira, arrumadeira… A Nilza foi a única que ficou. E mesmo assim foi por amor a ele. Imagine que ela trabalhou de graça durante uns seis meses, até eu conseguir me organizar com a coisa da grana.

Nesse ponto, tenho que citar a maturidade do Francisco, que sempre foi um capítulo à parte. Uma criança muito lúcida, que me apoiou sem nem ao menos saber o que fazia. Ele é mais velho que eu, um espírito velho. Não é um garoto que tenha sofrido com isso, ele é muito cabeça feita. Quando a gente passou por esses altos e baixos, Francisco estava do meu lado. Lembro de ter falado para ele:

— Vou vender o apartamento e a gente vai morar com a vovó.

Ele tinha quatro ou cinco anos e me perguntou:

— E meu quarto?

— Agora não vai ter mais um quarto só seu, será um quarto de nós dois, mamãe e você num quarto só.

— Está bem, mãe.

Sem choro, sem drama, sem nada. Ele queria era ficar comigo.

Pensar em tudo isso hoje é muito assustador. Na época, eu nem pensava. Se eu pensasse, estaria agora sentada em uma sala com cheques para assinar, deprimida... Foi Deus. Ele me deu uma nova chance para ser feliz. E eu me apeguei aos sinais e lutei muito por isso. Hoje, aos 50 anos, me sinto com 80. E é porque eu sinto que vivi muito intensamente.

E não foi fácil.

Sou uma mulher de fé, de muita fé. E sinto que o tempo todo meu irmão Pedro esteve comigo nesse começo. Quando eu estava morrendo de medo, eu sonhava com ele ou me lembrava dele. Foi pelo Pedro que me tornei cantora. Ele era o superstar da família. E eu ficava com medo de me tornar a popstar da família. Eu achava que o posto era dele e de ninguém mais.

O segundo passo

Eu fiz o show no Mistura Fina e não tive muito tempo para pensar. Como, na época, fazia muitos videoclipes, eu era amiga de praticamente todos os presidentes de gravadoras do Brasil e quase todos eles foram assistir ao meu primeiro show. Marcelo Castello Branco, da Universal; Sergio Affonso, da Warner... Havia pessoas da música, da indústria fonográfica ali, e que viram o show e que enxergaram um potencial grande. O produtor Tom Capone, que foi uma das pessoas mais importantes nesse começo, estava lá também.

No dia seguinte começaram a chegar propostas. E foi engraçado porque a Flora e meu pai, acho até que minha família como um todo, não tinham uma compreensão exata do que estava acontecendo na minha vida. Era uma coisa meio que: "A Preta pirou! Largou a Dueto, largou tudo e diz que vai ser cantora." Foi com esse show que as pessoas viram que a minha suposta maluquice era pra valer.

E que não era tão maluquice assim.

Pois bem, a Flora, no dia seguinte, marcou uma reunião comigo. Até então, eu tinha feito tudo de forma independente, com as minhas amigas Naná e Maitê. Lembro bem de Flora me dizendo:

— Sergio Affonso quer marcar uma reunião com você na Warner, com o Tom Capone. Eles querem que você faça uma demo para eles.

— Demo, o que é demo? – perguntei.

Flora me explicou que eu precisava entrar em estúdio para gravar umas músicas. E, a partir daquele momento, ela me pegou para tomar conta. Mostrou para mim que entendeu que era para valer. (Acho que nunca te disse tão claramente, Flora, mas fiquei muito feliz naquele momento.) E a Naná e a Maitê entenderam de um modo generoso que era difícil para mim dizer não a uma ajuda que minha família queria me dar. Afinal, eles tinham uma bagagem forte de experiência de mercado. E de vida.

E fomos gravar com o Tom, que tinha um estúdio na casa dele, na Barra. Eu e minha banda dos sonhos, cheia de amigos talentosos. Pegamos algumas músicas do show – umas sete – e gravamos.

O Tom me abraçou e passou a ser meu guru, um cara que me ajudou demais naquela época. Fizemos a demo, Sergio Affonso gostou e a gente partiu para o plano de fazer o primeiro disco. Antoine Midani, filho de uma das minhas paixões de infância, André Midani, foi escolhido como produtor. Tudo sob a supervisão do Tom, que não tinha tempo de produzir o meu disco por estar produzindo o álbum da Maria Rita. Seria o primeiro álbum dela também.

Então, ali, na mesma gravadora, havia duas cantoras nascendo. E as duas com uma história de vida com certas similaridades. Ambas começando um pouco mais tarde do que o de costume e ambas filhas de artistas.

Juntei minha turma e gravamos.

Da gravação, nasceu o álbum *Prêt-à-Porter*. É um disco que tem muito das minhas raízes, tanto as tropicalistas da MPB como também esse meu lado muito aberto, democrático e conectado. Hoje, sem falsa modéstia, reconheço ali um puta disco. Tinha muita gente boa, era uma junção de pessoas importantes demais na minha vida. Um grupo de amigos que cresceram juntos e que também eram filhos de outros músicos… Enfim, tinha um significado importante e fiquei pensando que o que eu queria *mesmo* era que a capa fosse especial.

Era o meu renascimento. E a "Preta-produtora" entrou em ação: corri atrás de tudo para fazer a capa acontecer.

Nós nascemos pelados

Eu sou de uma época em que a capa do disco importava muito.

Tipo capa de livro e de revista.

Vi nascer capas icônicas da MPB, do meu pai, das minhas tias, da minha madrinha. Então não era por acaso que eu queria arrasar nas fotos. Ainda no modo "o-fantástico-mundo-de-Preta-Gil", quando fui fazer o disco, quis chamar a fotógrafa Vania Toledo, que sempre esteve presente nos bastidores da minha vida, para fazer a foto de capa. Queria que fosse a Vania porque seria uma coisa mais artística. Eu tinha um grande amigo, dos meus melhores da vida, Fernando Zarif, artista plástico dos mais ferozes e geniais. Éramos muito próximos e ele tinha que conceber essa capa. Liguei para o Zarif:

— Fê, quero que você me ajude com a capa do meu disco. E já sei como vai chamar: *Prêt-à-Porter*.

Ele respondeu:

— Mas que nome maluco! "Preta por quê". De onde tirou isso?

— Não! — continuei, rindo. — É *Prêt-à-Porter*!

Zarif riu e nem sei se entendeu bem minha viagem na hora. Mas eu tive aquela ideia de nome e ninguém ia me fazer mudar. Eu, quando coloco uma coisa na cabeça... sai da frente!

Pois bem, fomos para o miniestúdio da casa da Vania. Eu, Fernando e Manuela Giannini, uma amiga que me ajudou a "catar" umas roupas. Imagina que eu tinha essa coisa de stylist, meu bem! Isso era luxo. Posava daqui, posava dali e estava achando tudo meio careta. Para se ter uma ideia das fotos, não existia visor, como hoje. Você fazia uma Polaroid antes e dava uma olhada para ter uma ideia.

Olhei aquelas primeiras Polaroids e aquilo não era eu.

— Gente, não quero ficar com roupa. Quero fazer as fotos nua. Pelada. Acho que este momento é um renascimento e a gente nasce e renasce nu. E é a maneira mais honesta de eu me apresentar para as pessoas.

Imagina: dois porras-loucas, Vania e Zarif. Nem me censuraram! Acharam ótimo.

— Tira a roupa, Preta!

E clicamos.

Quando eu fiz as fotos, eu estava com uns 68 quilos. Eu era magra. E tenho o biotipo da mulher brasileira: coxa grossa, quadril largo, o tal corpo violão. Em nenhum momento fiquei paranoica com essa história do meu corpo – em nenhum momento! Eu tirei a roupa, fiz as fotos nuas como uma mulher normal, bonita, jovem ainda. Tinha silicone no peito. Lembro que, quando coloquei o implante, tinha pedido para meu médico que mantivesse o formato deles o mais natural possível, tinha pavor, pânico de que o meu peito pudesse ficar duro, marcado demais. Então, ele colocou uma prótese menor e eu amarrei uma faixa em cima, para assentar e ficar um pouco mais para baixo.

Eu era uma mulher de 28 anos que se sentia muito confortável com seu próprio corpo.

Depois de uma semana – na época ainda tinha que esperar o filme revelar –, fui à gravadora para a gente escolher a foto da capa. E eu me lembro de que o Marcelo Maia, diretor de marketing da Warner, me disse:

— Preta, não tem o menor sentido essas fotos. Você vai tirar a atenção do disco. Da sua música.

E eu, como filha da Tropicália, achei aquele discurso caretíssimo. E, na rebeldia de ter que segurar meu posto de filha dessa gente, falei:

— Imagina, você está louco, que caretice! Meu tio Caetano saiu pelado na capa do *Joia*. A tia Rita e o Roberto de Carvalho estão pelados num mar de plástico em um disco dos anos 1980. Qual é o problema?

Fiz que fiz e ele topou, com uma condição: o Zarif teria que colocar algum elemento – no caso, a fita do Bonfim – que tapasse meu peito na capa. Mas, no encarte, eles aparecem. Livres e lindos.

Com a capa pronta e em mãos, corri para mostrar em casa. Toda orgulhosa, achando que meu pai – o Gil da Tropicália! – iria amar.

E foi quando ele soltou simplesmente:

— Desnecessário.

Poxa! Na hora eu fiquei arrasada. Justo meu pai não gostou? Lembro de pensar, na época, que falava que ele estava sendo careta. Engraçado que, pensando mais sobre o assunto, tinha algo de que "caretas eram vilões" na minha família. E eu estava vendo o meu pai como um careta! Mas, hoje, depois de muitos anos, eu tenho uma leitura disso: não se imagina um revolucionário, um artista como ele, sendo careta, mas, quando se trata da filha dele pelada na capa de um disco, ele teve um sentimento totalmente genuíno que, no calor daquele momento, eu não conseguia pensar que ele pudesse ter. Ele devia imaginar que eu seria massacrada e que isso derrubaria meu fantástico mundo, como de fato aconteceu.

E seguimos a estratégia de lançamento.

Que parecia não estar andando. Para ser honesta, a revista *Trip* foi a única que realmente se interessou e me chamou para fazer uma grande reportagem. Eu topei, claro. No auge do que eu achava que seria minha cruzada contra os moralistas, fui ao Hotel Glória, dei uma entrevista na cama, falando tudo o que me perguntavam. E fiz fotos ainda mais ousadas. Como sabia que a *Playboy* não iria me chamar para posar nua, achei a *Trip* uma revista ousada e moderna para isso. Bem mais a minha cara.

Enquanto a revista não chegava às bancas, minha coletiva de imprensa para lançar o disco foi desmarcada. Os jornalistas não se interessaram por mim e pelo meu disco. A Carla, minha label na gravadora, me avisou que as individuais haviam sido canceladas. Isso aconteceu em uma quinta-feira, se não me falha a memória.

— Calma, as pessoas precisam ouvir o disco e depois a gente remarca – disse ela.

E o disco foi enviado para a imprensa.

No olho do furacão

— PRETA! PELO AMOR DE DEUS, vem para cá agora. Você consegue chegar na Warner o mais rapidamente possível? – era Carla, ao telefone, na segunda-feira. – A gente vai precisar que você fique aqui entre hoje e amanhã. Mais de trinta veículos estão querendo te entrevistar.

E eu, no meu mundinho, fiquei numa felicidade! Eles escutaram o disco, eles amaram! Ai, que bom! Vão querer falar comigo! Me arrumei todinha, fui para a Warner me sentindo a superstar. Sentei para começar minhas entrevistas, lembro do Sergio Affonso me desejando boa sorte.

E começaram:

— Oi, aqui é Fulano do jornal tal. Mas e aí, gente, por que você quis fazer a foto nua? O que o seu pai achou? E o que você quis dizer com esse seio de fora?

— Mas você ouviu o disco? – perguntei.

— Não, não deu tempo, mas estou muito interessado…

— Então, você escuta o disco primeiro e depois me liga.

— Não, não, me fala alguma coisa!

Comecei a ficar revoltada. E o pessoal da gravadora começou a ficar assustado. Eu comecei a ficar puta e aí foi uma sucessão de absurdos. Em um dia, foram vinte individuais. Todas falando da capa. E eu, batendo telefone na cara de muito jornalista. E uma hora o Sergio Affonso desceu bastante preocupado com tudo.

— Mas, gente, eles não escutaram o disco! Eu não posso dar entrevista no lançamento de um disco se eles não escutaram – eu repetia.

E nesse mesmo dia ligou o *Fantástico* querendo fazer uma matéria... Tudo foi tomando uma proporção que nem sei mensurar. Hoje, com um maior distanciamento e sabendo que o mundo maravilhoso em que vivia era uma bolha, entendo que, para a imprensa, era um prato mais que cheio.

Não era só a filha do Gilberto Gil que tinha aparecido pelada na capa do disco.

Meu pai era Ministro da Cultura, recém-assumido.

E eu juro, aqui, que nunca, jamais, pensei que uma foto de peito de fora poderia causar tanto reboliço.

No meio do furacão do lançamento do disco, um fato da minha infância me pegou muito pesado. Quando criança, eu era grande amiga da Layla. E acontece de Layla ser filha da Neusinha Brizola. Neusinha era filha do governador do Rio na época, Leonel Brizola. Nos anos 1980, ela se lançou na música.

Neusinha fez um disco e se lançou no auge do pop rock e, na mídia, era uma socialite que começou a cantar, sem muito mérito artístico. Mas o fato de ela ser filha do governador e de ter toda a pose da roqueira maluca, isso era nitroglicerina pura para o mercado. E estourou com "Mintchura", em 1983, que é uma música dela que fez muito sucesso naquele ano, tocava na rádio, teve clipe no *Fantástico*, e a Neusinha ia aos programas de TV, estava no Chacrinha o tempo todo. E, nos jornais, ela era cobradíssima pelas polêmicas.

Só que, para mim, ela era a mãe da Layla. O motorista pegava a gente, depois da aula, e levava para o Palácio Guanabara, a residência oficial do governador, avô da Layla. E era uma coisa gigantesca. Um lugar perfeito para uma criança que adorava performances feito eu: a gente brincava naqueles corredores, a gente dançava, eu descia a escadaria imaginando um príncipe encantado comigo.

E tinha outro local, tipo uma casa de férias do governador, o Palácio de Brocoió, na baía de Guanabara. É uma ilha com um palácio no meio. Uma ilha da fantasia, como eu via na TV, nos filmes. Era uma aventura. O helicóptero sobrevoava, descia. E, como eu sempre fantasiei muito a minha vida, aquele lugar era um prato cheio! Tudo era um show, um espetáculo. Eu não acordava de manhã para viver mais um dia. Eu acordava de manhã para o show do dia.

A mesa de Brocoió tinha uns quarenta lugares. E a Neusinha era uma mulher muito criativa, divertida. Quando ela estava sóbria, era uma festa. Ela amava os filhos, se dedicava a nossa brincadeira, nos maquiava, nos vestia com roupas diferentes, coisa que minha mãe não fazia muito. Ela era nossa diretora, dirigia nossos filmes de fantasia. E, do outro lado, tinha a sombra do vício, das drogas, do escândalo. Vivi de perto um pouco desse sofrimento. Lembro de a gente saindo de restaurantes e ela puta da vida porque os jornalistas não a deixavam em paz. Tinha um monte de fotógrafo atrás dela. E a gente corria para o carro, entrava, e saía cantando pneu.

Eu e minha irmã Maria fomos passar um fim de semana na casa da Layla e a Nanã, que até hoje é nossa amiga, estava com a Neusinha. Ela brincava muito com a gente também. E escutei falarem que a Neusinha tinha acabado de sair de uma clínica de reabilitação. Isso era tratado de maneira corriqueira, os adultos falavam tudo para a gente.

Eu levei meu nécessaire, toda orgulhosa com meu Thaty, um perfume-hit que toda garota sonhava em ter. Dormi, acordei no dia seguinte e fui passar meu perfume. O vidro estava vazio. Fui até Nanã, chorando, dizendo que a Maria tinha jogado meu perfume fora. E a Maria dizia que não, e a Layla também dizia que não tinha mexido no perfume. E eu, dramática/performática, fiz um escândalo. Fechei o tempo. Até que a gente descobriu, através da Nanã, que a Neusinha havia bebido o perfume. Eu não entendia o que significava aquilo... Eu achava que ela tinha bebido meu perfume para ficar com a boca cheirosa. Depois de muitos anos, fui entender que ela era alcoólatra e que tinha bebido porque era a única coisa com álcool na casa...

E conto tudo isso para quê? Para dizer que bateu uma rebordosa Neusinha quando eu vi aqueles jornalistas em cima de mim. Procurando escândalos a meu respeito. Neusinha, uma mulher legal, que me deu grandes momentos na infância e que teve seu sucesso, nunca foi respeitada.

Eu não queria sofrer o que a Neusinha sofreu.

PQP... odeio a Preta Gil

Nua no meu disco.

Ali foi a primeira vez que eu entendi na pele o que era o conservadorismo. Começaram a sair as reportagens nos jornais. E eu era figurinha fácil de todo programa de fofoca de TV: "Ok, ok, Preta Gil choca a sociedade posando nua. A filha do Ministro da Cultura aparece pelada na capa de seu disco."

Comecei a ficar desesperada. Só pensavam nisso. Só falavam disso. Polêmica virou meu sobrenome. Todos acharam que eu era a doidona. A maluca que só quer causar. E veio a *Trip*. Lembra que eu tinha feito a revista, antes de tudo isso? Pois bem, ela chegou como uma bomba. Aí eu entendi no que a imprensa queria me transformar e também percebi onde colaborei para tudo isso. Na entrevista da *Trip*, o tal mito da Preta polêmica foi validado. Além das fotos sensuais, eu fui verdadeira. Falei tudo o que me perguntaram. E eu era um fio desencapado. Falava muito palavrão. Achava normal. Não tinha filtro. Eu pensava que a gente tinha que ser assim mesmo. E o cara me perguntou. Eu respondi.

Falei da vida, de bissexualidade e, quando li a entrevista, fiquei muito assustada. Não havia nada que eu não tivesse dito ali. Mas

estava quase na íntegra. Cheia de palavrão. Uma coisa meio "caralho-
-putaquepariu-merda-porra". É muito cru. Hoje em dia, não gosto nem
de ler essa entrevista e, se vejo algo, me pergunto: "Que pessoa é essa?"
Outra coisa que me incomodou é que já havia ali um cunho de que eu
não era o padrão. Já estava escrito na matéria "fora dos padrões". Eu
não entendia muito bem aquilo. Eu era uma mulher de corpo normal,
pensava. E já começavam falando que eu era "fora dos padrões" ...

E, claro, a repercussão foi enorme. Fotos do encarte do disco em
jornais populares, minhas declarações na revista. E o *Fantástico*, com
uma reportagem em cima das fotos nua do disco, foi ao ar. Acreditem:
no final daquele ano, eu apareci na retrospectiva como um dos fatos
mais marcantes do ano. Por causa das fotos!

Me deu aquela dor no coração. Eu só pensava que eles queriam
fazer comigo o que fizeram com a Neusinha. E com a entrevista da
Trip corroborei com aquilo, entreguei de graça para virar a que "veio
para causar". E eu não tinha a menor pretensão de ser essa pessoa. Minha verdade, nesse momento, me custou caro. Me colocavam naquele
patamar do sensacionalismo ou me colocavam no mesmo nicho das
mulheres-frutas, sucesso na época para definir gostosonas que apa-
reciam seminuas em programas de TV e revistas. E tudo certo, cada
um faz o que quiser. Mas eu não fazia parte disso. "Sou uma cantora",
repetia para mim mesma enquanto via o meu "mundo fabuloso" ruir.

Lembro bem de programas de fofoca debaterem abertamente o
que eles achavam sobre mim, sobre meu corpo. Tudo naquele estilo
"imagina, ela quis causar, ela é mais uma que quer aparecer". O que
virou essa foto... Teve até quem apostasse que era para chamar atenção do meu pai! Gente, pelo amor de Deus! Antes de mais nada, não
vamos ser hipócritas: o artista quer aparecer. Eu quero me mostrar
para pessoas que gostem da minha música, de mim, que queiram se
juntar a mim. Só tenho uma carreira por ter meus fãs. Mas aquilo tudo
que falavam não me representava.

Era horroroso.

A internet não tinha esse alcance como hoje. O único site que as pessoas usavam para se comunicar mesmo era o Orkut, que foi a primeira grande rede social na internet. E lá eu me deparei com a triste realidade. Fizeram uma comunidade chamada "PQP... odeio a Preta Gil". Eu pensava: Como assim? Me odeiam por qual motivo? Me conhecem?

E comecei a ler os tópicos. Os absurdos que escreviam. Os julgamentos violentos, preconceituosos, homofóbicos, racistas, gordofóbicos. Eu só conseguia pensar que essas pessoas existiam e eu não as conhecia. Não tinha como saber delas. Eu vivia protegida no meu mundinho, entre meus amigos, minha família. Duas coisas, naquele tempo, me ferraram: a necessidade de me expor, de que as pessoas me conhecessem, e a ingenuidade. Você pode estar pensando: filha de Gil, sambada, trabalhou anos na área e era ingênua? Sim, já tinha vivido muita coisa, mas é diferente quando é na sua pele. Quando pude enxergar o mundo de fato como ele era, como se mostrou para mim depois das fotos para o disco. Eu sabia das histórias da ditadura, as quais meu pai me relatou, mas nunca, até então, eu havia tido contato com pessoas tão moralistas, tão preconceituosas, tão racistas, tão homofóbicas e tão gordofóbicas. Nunca, ninguém, até aquele momento, tinha olhado para mim e dito "você é gorda, você é feia, eu tenho nojo de você". E aquela comunidade era isso. E despertou algo em mim com que convivo até hoje, vinte anos depois: quando estou em lugares sociais, óbvio que tem muita manifestação de carinho, mas aquele que não vem falar comigo ou que olha torto, eu já penso: "Hummm, esse aí devia ser membro do 'PQP... odeio a Preta Gil'."

Desisto?

E FIQUEI MAL, ME DEU UMA PAÚRA, como dizem na Bahia. Eu não estava nem um pouco preparada para aquilo tudo.

Sabe, sempre fui uma pessoa com uma autoestima inabalável. Mas minha alma foi tocada por esse excesso de críticas. Essa deturpação, esse sensacionalismo foram me deixando turva. Me sentia tonta, sem entender quem eu era neste mundo.

Eu precisei parar e pensar. Fui para um spa no interior de São Paulo. Fiquei lá uns dez dias. Desliguei meus celulares, tentei não ver televisão e fui reformulando as coisas dentro de mim.

E vendo de que maneira eu lidaria com tudo aquilo.

E me fortalecendo.

Não tinha muito o que fazer. Não dava para apagar as coisas, o que eu havia dito: eram verdades, eu não menti. Eu era tudo aquilo, tinha feito tudo aquilo, só não estava sabendo lidar com o fato de o meu passado e de coisas pelas quais passei e vivi não serem mais coisas só minhas, que ficavam na minha caixa-preta. Agora todo mundo sabia e eu não sabia lidar com o fato de ficar à mercê de tantos julgamentos. Dei motivos.

Fiz disco, posei nua, disse que sou bissexual.

Francisco, na época, era criança. E teve que superar algumas gracinhas que as pessoas fizeram com a foto nua. Mas, pensando bem, essa foto não foi um grande problema para ele, pois dificilmente chegava às crianças. Ficava mais entre os pais de seus amiguinhos. Ele sofreu mais foi com o *Pânico na TV!* mesmo.

As crianças assistiam ao *Pânico*, era um sucesso na época e eles pegavam muito no meu pé. Era uma atitude criminosa, tanto é que eu os processei e ganhei. Era um bullying à décima potência e em rede nacional. Nem sei como aquilo era permitido. Toda semana os caras me enchiam o saco, falavam de mim, faziam sátira e ofensas disfarçadas de brincadeira. Questionavam meu corpo, meu peso. Como se só mulheres saradas pudessem usar biquíni. Era retrógrado, machista e sem o menor cabimento. E, com esse programa, as crianças comentavam de mim com o Francisco. Até um professor chegou a fazer piada. Pensei: "Será que vou ter que ir até a escola dele e descer porrada, igual a minha mãe fez anos atrás?" Mas respirei fundo e fui à diretoria conversar. Não estava com força para mais escândalos.

E agora, Preta?

Pensei em desistir... juro que pensei. Aquela era eu. E as pessoas pareciam não me aceitar do jeito que eu era. E fiquei com muito medo.

Voltei para a terapia, perdida. E cheguei a uma conclusão: eu não podia desistir.

Nasci no pós-exílio do meu pai, em 1974. Eles tinham acabado de voltar de Londres, de onde estavam exilados, e ele me chamou de filha da liberdade. Disse que chorou uma semana inteira depois que eu nasci, pois eu representava um respiro, um conforto por estar de volta ao seu país.

E eu precisava do palco e das pessoas cantando junto comigo. Era isso: eu precisava do meu público – que, graças a Deus, tenho hoje – e que eu não conseguia enxergar. Eu estava em busca deles, mas era tanto barulho ao meu redor – e quase nada sobre minha música – que eu não sabia onde estavam.

Eu tinha um show marcado para lançar o *Prêt-a-Porter* no Canecão. E eu ia ter que fazer na marra. Eu que dirigi o espetáculo, chamei o Jorge Espírito Santo para me ajudar. Idealizei o cenário, pensei no meu nome em uma argola enorme de metal no meio do palco. Era um cenário transparente, tudo bem moderno. E eu mesma produzi, eu mesma liguei, consegui as coisas de graça. Nunca teve grana, tudo sempre na base da amizade.

E esse show no Canecão foi lindo (e eu ainda falava muito palavrão no palco, devo admitir). De qualquer modo, posso dizer que, das pessoas que lotaram o Canecão, 50% eram amigos, 30% foram atrás da polêmica e 20% foram atrás da cantora. E eu cantei as músicas do disco, misturei com o que eu sempre gostei. Tinha até Maysa. Chamei o DJ Zé Pedro, grande amigo meu, que fez um remix de "Sinais de fogo". Foi uma loucura, no bis do show o Zé Pedro entrou com aquela mandala dele, aquelas roupas e a gente fez um set de três, quatro músicas, só remix. O pessoal pirou. Sempre fui ligada nas explosões mais populares que aconteciam no Brasil. Lembra do Luiz Caldas, das Frenéticas? Pois bem, sempre segui as explosões. Sempre gostei da bagunça. E o show virou uma grande festa! Foi lindo.

Mais lindo ainda foi Ney Matogrosso, que era um dos melhores amigos da vida inteira da minha mãe, me ligar no dia seguinte.

— Preta, vi seu show. Pega um papel.

Peguei e Ney começou a me dar dicas! De iluminação, de tudo. Aquilo foi muito especial. (Te agradeço demais, Ney.) Mas ainda não existia uma agenda de shows, não tinha aquela coisa de sair em turnê. As pessoas não sabiam se eu ia entrar no palco e cantar "Ciranda, cirandinha", se eu ia cantar ópera, MPB, axé. Meu público ainda não tinha me achado, e eu ainda não tinha achado meu público.

A TV me salvou

Os shows eram poucos. A música "Sinais de fogo" estava estourada nas rádios e parecia que algo travava minha carreira musical. Não decolava. E, nesse período das vacas magras, fui salva por Marlene Mattos, que achou que eu tinha que ter um programa de TV.

A Marlene tinha terminado a parceria de anos com a Xuxa. O ano era 2004 e, um dia, meu telefone toca e era ela, perguntando se eu queria apresentar um programa na Band. Ela tinha acabado de assumir como diretora artística da emissora. E me disse que estava pensando nos novos projetos e que um dos que ela queria implementar era um programa de TV comigo. A Marlene, naquela época, já entendia o que hoje as pessoas entendem: que a Preta Gil é uma mulher empoderada, forte. Ela falava tudo isso para mim. "Você é autêntica, livre, você fala com abertura." E me deu autonomia total.

Eu nunca tinha pensado em ter um programa de televisão, ainda estava sufocada pelo trator que havia acabado de passar por cima de mim, ainda estava tentando sobreviver, vendo como ia me virar, passando todos os perrengues e morando com a minha mãe. Então, eu me mudei para São Paulo, onde fica a Band, e fui morar na casa da Marlene. Ela tinha uma coisa mandona. Morei por um bom tempo com ela, que tentou ser um pouco assim comigo, mas viu que não dava para me controlar. Tanto que, depois, aluguei um apartamento e fui viver minha vida.

Imagine você, querido leitor: da pindaíba, da conta negativa no banco, eu fechei um contrato com a Band e ganhava uma grana boa! Eu resolvi todos os meus problemas. Só que eu não sabia guardar dinheiro. Hoje eu sei, mas naquela época não sabia. Fiquei contratada um ano e esse dinheiro foi pelo ralo. Eu sabia viver sem nada, mas dei uma pirada, gastava com um monte de bobagem.

Voltando ao programa, eu tenho uma obsessão por nomes, até hoje penso em nome antes mesmo do projeto. E aí eu pensei: quero que o programa se chame *Caixa Preta*. Depois do nome, o programa foi se desenhando em minha cabeça. Com uma equipe de redatores, a gente foi criando tudo junto. Pegamos uma sala na Band, ocupamos, e fomos tendo todas as ideias. Era como se fosse uma anarquia, sem ser pedante, acho que aprendi alguma coisa da mistureba de Chacrinha, de Tropicália. Eu quis levar ídolos meus, da minha infância, e juntar com as estrelas do momento. Misturar MPB com pop. Eu sempre gostei de conectar as pessoas, de conectar ritmos. E com muita naturalidade, sem ser forçado, era intuitivo. No mesmo programa tinha Gretchen, Marcelo Rubens Paiva, Luciana Vendramini e uma banda que fazia muito sucesso na época.

Eu tinha um quadro no qual eu queria que as pessoas se revelassem, então pedia para levarem uma mala com objetos pessoais que passavam por um "raio X". E tinha um personagem, um porteiro, Zé. Era como se eu morasse em uma cobertura e as pessoas fossem para a minha casa, mas tinham que passar por um detector de metal que eu dizia que era um detector de amor. Se tivesse baixo astral ou preconceito, ficaria de fora do programa. E tinha a Caixa Preta, que era um personagem, um alter ego meu... inventei isso por ter muita vergonha de perguntar certas coisas para os meus convidados, principalmente sobre sexo.

Vou fazer um adendo aqui: é engraçado que as pessoas acham que sou a louca do sexo, a que adora falar disso, que sempre tem um repertório enorme sobre o tema (tanto que sexo foi o tema do meu segundo programa, o *Vai e Vem* do canal GNT, que foi ao ar em 2010). Mas, não! Eu não gosto de falar sobre sexo. Não é um assunto com o qual me sinto à vontade. Se eu estiver falando numa roda de amigos, se o assunto vier à tona, eu falo normalmente. Agora, não sou expert!

O *Caixa Preta* era genial, anárquico, era bonito, era bem-feito. Tinha bailarinas, as Pretetes. Eram todas negras. E eu falava: "Quero preta!". Negra e apresentadora do programa! Dona da porra toda. Claro que meu lado leonina se sentia. Mas era mais que isso. Eu lembro que fiz uma matéria para uma revista e o título era "Poder para o povo preto". Era uma coisa de empoderamento hard. Mesmo sem esse termo existir na época.

Eu não tinha nem tempo para fazer show. A agenda de gravações era uma loucura e tinha que ficar à disposição. Para piorar, a gente só podia gravar o programa às sextas-feiras, que era o único dia de estúdio livre. Justamente um dos dias mais propícios para um artista fazer shows. E, no fim das contas, eu não precisava fazer mais shows, pois não precisava ganhar dinheiro, eu não precisava mais batalhar pelos shows, por ter um contrato com uma emissora que me dava tranquilidade para viver. Com raras exceções, fiquei quase um ano muito afastada da minha música. Claro que no programa eu cantava minhas músicas, a abertura era a música "Caixa Preta", que Arnaldo Antunes fez para mim e que gravamos juntos. E me virava como podia. A gente inventou um projeto chamado Tresloucados; era um show comigo, Davi Moraes e Lan Lan. E tive a honra de ter a Nara, minha irmã, no backing vocal. Eram shows pequenos e sem compromisso, quando rolava, quando dava na agenda, só para não dizer que não estava cantando.

E eu seguia com o programa *Caixa Preta*. Até hoje, se o programa existisse, com o cenário e do jeito que era feito, ele faria sucesso. Mas saiu do ar repentinamente. Era um contrato de dois anos, mas, depois do primeiro, eles resolveram rescindir. O motivo foi a saída da Marlene da Band. Então, preferiram não continuar com o programa.

E, quando acabou, no meio disso tudo, eu percebi que não foi muito inteligente ter deixado a música de lado.

Atriz

A MÚSICA ESTÁ EM MIM. Não tenho como fugir dela. Quando veio o fim do programa, eu ainda receberia por mais três meses. Então, resolvi investir para valer no Tresloucados. E nos apresentamos no Brasil todo. Era verão e a gente se apresentou em Salvador. Meu pai tinha um trio, no qual eu já cantava. Em 2003, eu havia puxado o trio sozinha. Chamei a Ana Carolina para participar, era o auge de "Sinais de fogo". E, em 2004, me apresentei com os Tresloucados.

Acabou o verão, bateu aquele vazio. E eu quis fazer um disco novo. Nasceu o *Preta* (2005), meu segundo álbum. A pré-produção começou na casa do Davi Moraes, junto com o Betão Aguiar, que produziu quase todo o disco. Tom Capone produziu "Cheiro de amor"; Davi, "Tresloucados" e Tomas Magno, "O beat". Tinha até remix do DJ Marlboro. A gente fez tudo de maneira independente. E foi distribuído pela Universal.

Fizemos uma turnê bacana, fiz show no Circo Voador. Tinha entendido que meu público era mais pop. E esse disco já tinha bem mais investimento da Flora. Com a turnê chegando ao fim, veio um convite: interpretar uma travesti obcecada por Rita Lee em um musical. Era 2006 e eu decidi passar por cima do meu pavor de decorar texto e aceitei fazer *Um homem chamado Lee*. Foi uma das fases mais difíceis e uma das que mais aprendi na minha vida. Justamente pela minha falta de disciplina, fazer uma peça com um texto musical e ainda com esse jeitão off Broadway, underground, era bem assustador.

Me mudei para São Paulo de mala e cuia em julho e a gente já estrearia em agosto. Eu interpretava Linda Lee, uma travesti que nasceu Ivanildo Pereira, que tinha uma paixão tão louca por Rita Lee que tinha se mudado para São Paulo só para viver na cidade dela. Ela, então, sequestra Rita e a leva para um banheiro abandonado em uma estação de metrô que era o cenário onde ela recebia o público, decidida a tomar o lugar de Rita, cantando suas músicas. O figurino era do Walério Araújo, que me vestia e me maquiava inspirado com o que parecia ser um cruzamento de David Bowie e Cyndi Lauper. A ideia era fazer dois meses de apresentação no teatro do Shopping Higienópolis. Rita não só gravou umas falas para a peça como foi à estreia. E voltou mais vezes! A peça fez tanto sucesso que prorrogou por mais um mês. Todas as apresentações lotadas! E eu passei um pouco por cima daquele meu medo: consegui decorar o texto e foi uma ótima experiência. Era tudo tão moderno e tão à frente desse boom dos musicais, que penso: Será que poderia, um dia, montar esse espetáculo de novo?

E, de repente, a TV me chama novamente. Aparece o convite para fazer uma novela na Record.

Movida pela grana

Eu ACEITEI O CONVITE. Mas, dessa vez, oficialmente, eu tive que aceitar por causa de grana. Eu lia o roteiro e olhava meu extrato do banco e chorava. Os dois eram péssimos. Eu não preciso de muito para viver, mas é angustiante não ter dinheiro nem para começar um projeto, nem para ir comer uma pizza na esquina. Não tem muito o que fazer, vou fazer o quê? Uma novela na Record chamada *Os Mutantes*.

Quando li o roteiro, tive uma síncope. Era uma imitação de uma onda que estava rolando nos Estados Unidos, uma coisa de super-heróis. E fui para uma reunião com o Alexandre Avancini, que era o diretor, muito disposta a dizer não, pois eu estava meio constrangida com o roteiro. E ele foi tão persuasivo e tão entusiasta, dizendo que estavam trazendo uma equipe de fora, de Los Angeles, para efeitos especiais maravilhosos. E estreei na trama em 2007, como Helga.

A novela marcou época e acabou sendo um divisor de águas na emissora, mas eu não estava feliz. Tinha colegas de trabalho que me conheciam, mas eu não me sentia em casa, diferentemente da Globo, onde eu sempre me sinto em casa: passa um diretor que é meu amigo, passa outro que também é meu amigo. E, além de tudo, tem aquela coisa da emissora evangélica. Nada contra os evangélicos. Se tem uma coisa que respeito é a religião das pessoas. Tanto que cheguei a frequentar igrejas evangélicas (com fervor!). Mas o problema é que sempre entrava algum bispo no estúdio dando suas opiniões sobre as cenas. Em uma delas, minha personagem rezava e, como o autor também não era evangélico, no roteiro tinha velas e eu unia as mãos para representar. Então, um bispo entrou e disse que não podia ter vela nem rezar com as mãos unidas pois era "coisa de católico". Eu tenho criação católica, candomblé, tudo junto. Então, velas, mãos unidas, sempre foi algo comum para mim.

Toda misturada e ecumênica, como sempre fui, eu tinha muita intimidade com a religião evangélica. Mas aquilo de entrar um pastor no estúdio e cochichar com o diretor me dava agonia. A gente sabia que iam mudar tudo. Eu tenho que ser muito honesta. Ao contrário do *Caixa Preta*, que fiz por puro prazer, a novela foi só pelo dinheiro. Eu amo trabalhar, não tenho problema com o ofício de estar lá, ralando, tenho prazer nisso. Então, como sou uma pessoa digna, me propus a fazer a novela com dignidade. E fiz o meu melhor. Mas não podia mais cair na besteira de esquecer meus shows, como na época do *Caixa Preta*.

Encontrando meu público

COMBINEI COM O DIRETOR DA NOVELA que precisava de um dia da semana que não trabalhasse depois das nove da noite. Avancini me ajudou com essa e, em paralelo com a novela, um show diferente começou a surgir em minha cabeça. Achei uma casa de show, meio inferninho, para fazer apresentações para um público pequeno, no meio da semana. Precisava me conectar com meu público. Eu era uma maluca que fazia "disco-show-programa-de-TV-musical-novela" e não criava fidelidade com meu público.

E foi graças à grana da novela que eu dei dois passos importantes: consegui novamente morar sozinha com meu filho Francisco, que era adolescente na época, e montei a Noite Preta. Esse foi o nome do meu show. No inferninho em Botafogo, o público máximo era de oitenta pessoas. Então, eu bancava a banda, porque com a bilheteria não dava para pagar nada. O dinheiro que ganhei na Record foi um investimento. Sabia que não podia mais fazer a maluquice de sair gastando, foquei as prioridades: meu filho, boletos, minha carreira na música.

Como tinha contrato com a Record, pensei: vou fazer mais oito meses de show, toda terça-feira, no mesmo lugar. Quem quiser que vá me ver, oras. Se não for ninguém, não foi, paciência. E quis ser exatamente quem eu sou, então misturei um repertório com as músicas de meus dois discos e mais tudo que eu gostava de cantar, que é uma mistureba.

O ingresso era vinte reais. E, na lista amiga, pagava dez. Era o mínimo que eu podia cobrar. No primeiro dia que eu fui fazer o Noite Preta, Lulu Santos estava bem à minha frente. Fiquei nervosa. E ele gostou tanto que vivia por lá, me vendo. E começou a falar para as pessoas que tinham que ver o show, que era ótimo. O público que ia também foi falando para os amigos e caiu na boca da galera, o melhor marketing que existe. Era uma barbaridade: das oitenta pessoas que cabiam, passaram entrar mais de cem. Uma em cima da outra. Muita gente da fila voltava para a casa, sem conseguir entrar. A atenção foi tamanha que ganhei um programa de rádio, o *Noite Preta*, na MPB FM. E as coisas começaram a fazer mais sentido.

Em 2008, tivemos que mudar. O Noite Preta ficou muito grande para o inferninho. Foi difícil. Ia batendo de porta em porta em lugares que pareciam promissores, mas nada dava certo. Até que um dia me falaram de um lugar em Laranjeiras onde cabiam quatrocentas pessoas. Fui visitar o local e a troca era bem justa: o dono ficaria com o bar e eu, com a bilheteria. Quer saber? Fui. E passei um ano me apresentando lá. Toda quinta-feira de 2008 eu estava lá, toda quinta-feira a casa estava lotada. Até a Ivete foi cantar lá comigo. O show foi tomando uma proporção enorme e foram me chamando para que eu o apresentasse em outras cidades.

Em 2009, o Marcello Azevedo entrou na minha vida. Ele era empresário do Lulu e acabou indo em um dos meus shows com ele. Lulu sempre me dizia:

— Você tem que conhecer meu empresário, meu empresário tem ideias para dar para você...

E hoje o Marcello é meu empresário, meu sócio e um grande parceiro. Naquele ano, fizemos o Noite Preta Verão, com mais percussão e adicionando mais músicas de Carnaval ao repertório. Foi quando nasceu a ideia do Bloco da Preta, que começou como um projeto de verão de 2010 chamado A Coisa Tá Preta. As pessoas não entenderam muito bem o nome. Em 2011 eu mudei tudo, inclusive o nome, e saí com o Bloco da Preta. E se tornou um dos maiores e mais tradicionais blocos do Rio, para o meu orgulho.

Em 2019, centenas de milhares de pessoas foram se divertir comigo no Rio. E também nos apresentamos pela primeira vez em São Paulo.

A partir de 2009, definitivamente, eu ganhei meu espaço na música. E a minha independência financeira. Comecei a me sustentar com meu maior sonho: a música. Naquele ano, eu sabia que precisava fazer algo ainda maior com a Noite Preta Verão e eu me lembrei de que tinha feito uma festa de aniversário em 2008, na inauguração da The Week Rio, que é do meu amigo André Almada. Fui até o André e perguntei:

— André, você deixa eu montar um palco aqui na frente da cabine do DJ? Queria fazer meu show aqui. Que dia você não abre?

— Claro, pode ser às quintas-feiras?

— Ótimo, quanto você vai me cobrar?

— Nada, vou te emprestar. Você vai pagar os seguranças e a limpeza.

E lá fui eu.

Das oitenta pessoas do inferninho, passamos para quatrocentas em Laranjeiras. E das quatrocentas pessoas em Laranjeiras, passamos para 3 mil toda semana na The Week. Foi então que resolvi continuar o Noite Preta lá, onde ficamos até 2012. Nesse meio-tempo, em 2010, comecei a fazer muito show em outras casas. Muitas cantoras, na época, achavam que show em boate era uma coisa menor. E eu vi que a casa noturna era um lugar muito oportuno, muito certo para eu fazer o meu show porque eu tinha pavor de fazer show em teatro: queria as pessoas dançando! Eu sou essa pessoa que bota o fã para dançar no palco, eu quero mais é que as pessoas deem pinta, isso é uma coisa que está em mim, então, se o lugar for careta, o show não dá certo. Fazer show em casa noturna, para mim, era maravilhoso. Não tinha nada de "menor". E eu comecei a fidelizar um público que era muito diverso.

E fui abraçada pelo público gay.

Quando vi que grande parte do meu público é gay, entendi que eu me sentia muito mais em casa, eu me sentia mais livre, eu podia ser eu mesma, eles entendem minhas piadas, eles entendem minhas brincadeiras, compram meu barulho. Há uma conexão pela liberdade, pela necessidade de ser quem a gente é, sem filtro. Eles não me julgam, eu não os julgo. A gente se coloca para cima. Tem até um DVD da Noite Preta que mostra bem isso. Gravei na The Week em 2009.

Olhando para trás, é uma fase de que me orgulho muito. Me construí de verdade, como artista, como mulher. Toda semana eu podia melhorar e trazer algo novo. Eu precisava encontrar o meu público. E encontrei. E fui abraçada por eles de uma maneira absurda. E esse show durou seis anos, até que eu tive que mudar para o Baile da Preta. Afinal, já tinha rodado por todo o lugar com o Noite Preta! E sigo hoje com uma ótima agenda, graças a Deus. Cantamos em uma casa noturna no Acre, fomos ao Tocantins e foi emocionante. Encontrar meus fãs tão distantes dos grandes centros é muito forte. Uma comunhão.

Aviso: as próximas páginas foram escritas entre 2018 e 2019. Resolvi deixar assim. São dois olhares de uma mesma pessoa. Antes, eu conto do encontro com meu ex-marido e de tudo o que parecia perfeito. Depois, voltarei para os tempos atuais e falo do divórcio.

Encontrando Mozi

Eu estava no auge da solteirice da vida. Me divertindo! Eu estava uma solteira da pá virada, todo dia na balada. Estava feliz e desfrutando da minha liberdade.

Um amigo meu, o Duh, falou para mim que tinha um amigo que estava querendo ficar comigo.

— Ai, tá bom, me mostra uma foto dele.

Ele, então, me passou o perfil do Rodrigo no Instagram. A primeira imagem que aparecia era dele com um pitbull, na outra foto ele estava de sunga. Eu lembro de ter sido muito preconceituosa e de ter feito um julgamento do tipo: — Duh, olha as fotos do cara. Ele deve ser o tipo halterofilista e homofóbico, certeza... Não tem condição.

Mais dias se passaram e meu amigo voltou a falar que o Rodrigo perguntou sobre mim. Novamente.

— Tá bom! Passa meu WhatsApp para ele, vamos ver qual é.

Eu estava solteira, qual o problema em conversar, não é mesmo? Ele parecia um pouco assustado comigo. Me dava bolo toda vez que a gente tentava se encontrar. Até que um dia eu mandei uma mensagem e ele disse que não podia sair pois um amigo havia falecido. Pensei que ele estava até matando amigo para não sair comigo e desencanei.

Não está a fim, segue o baile.

Três meses depois, eu estava com amigos que perguntaram sobre ele. "E o Godoy?" A gente não havia se falado mais. Eu tinha tomado um remedinho para dormir, que tinha me dado um baratinho, aí eu fui lá e escrevi:

— E aí? Vai me comer ou não vai?

— Calma, calma garota...

— É a sua última chance. Amanhã vou ao baile funk que uma amiga está fazendo no Rio. Se não aparecer por lá amanhã, vou tirar você da minha lista de contatos.

Deu certo.

No dia seguinte ele estava lá e foi pra minha casa. E foi tudo muito natural. Fora que a pegada era uma delícia! Resultado: a gente ficou nesse dia e nunca mais nos desgrudamos. E ele era muito leve, muito engraçado. E eu me apaixonei por ele assim, por essa leveza que ele tinha. "Um cara que me fazia rir! Nossa!"

Sempre fiz muitos shows em casamentos. E me lembro de entrar para cantar e ver tudo aquilo com outros olhos. Não tinha vontade de fazer festas de casamento, de entrar na igreja. Não até aquele momento. Eu já estava com 40 anos ali. E comecei a brincar com o Rodrigo, com aquele fundo de verdade: "Ih, estou velha, mas acho que ainda dá para casar. Mas tem que ser logo porque, se esperar muito tempo, vou entrar de bengala na igreja."

Acho que ele entendeu o recado. Então comprou uma aliança para mim, com a ajuda de alguns amigos meus. Um dia, a gente estava no avião, indo para Salvador, para eu fazer um show, e ele me deu a aliança:

— Toma.

— O que é isso? Uma aliança? – perguntei, surpresa.

— É.

— E o que isso significa?

— O que você quer que signifique?

— A gente vai casar?

— É.

— Você está me pedindo em casamento?

— Estou.

E foi assim. Botei a aliança no dedo e fui para Salvador, toda eufórica com aquele pedido estabanado. Tão eufórica que falei no show:

— Gente, eu estou muito feliz hoje! Acabei de ser pedida em casamento!

E eu me esqueci que ninguém sabia ainda. Minha família nem ligou, mas a mãe do Rodrigo ficou chateada pois, antes mesmo de eu sair do palco, já estava em todos os sites "Preta Gil é pedida em casamento", "Preta Gil vai se casar". E aí começaram os preparativos para o casamento.

Preta vai casar

Eu conhecia muita gente do meio, já que fazia bastante show em casamento. Em especial três meninas, da Boutique de 3, que leram a notícia e já mandaram e-mail dizendo que faziam questão de serem as cerimonialistas do nosso casamento. Fomos na reunião com elas e me lembro que Rodrigo foi ficando assustado com o tanto de coisa e com o dinheiro que custaria. Ele não tinha aquela grana, mas eu podia pagar. E era um sonho. Claro que consegui alguns descontos e coisas assim, mas tinha um custo. Um custo alto. E eu trabalhei muito e estava a fim. Era um investimento. Um merecimento.

Eu queria viver aquilo e ponto.

E, olha, perto dos casamentos nos quais eu estava acostumada a cantar, o meu até que foi simples. Mas foi lindo e de acordo com a minha realidade. Madrinha de casamento, a Lilibeth, de novo ela, me deu a maior força e me emprestou a casa da família dela em Santa Teresa para a festa. É um palácio! Eu fui juntando os meus amigos, meus parceiros e consegui viabilizar um casamento que coubesse no meu bolso e que não me trouxesse nenhum tipo de dano no banco! Não queria mais dívida. Filmamos o processo todo e fiz um minidoc do casamento, que ia para meu canal no YouTube, o *Preta vai casar*. E fomos vivendo toda essa loucura que antecede um casamento. As expectativas, os estresses, fazer a lista... Imaginem que eu comecei pensando no casamento com trezentos convidados e no final já tinha setecentos.

A partir do momento em que eu resolvi me casar, todos os segundos para mim foram muito bem vividos. Na hora da maquiagem, a minha mãe estava comigo e achava aquilo tudo uma palhaçada.

— Preta, você realmente é muito presepeira! Olha essa presepada, para que isso tudo? Você vai me fazer botar esse vestido? Olha eu aqui, fantasiada de mãe de noiva. Nunca me maqueei, nunca fiz um penteado antes disso.

Acho que muita gente estava como ela.

Até chegar a hora da cerimônia.

Lá, todo mundo viu o quanto aquilo significava para mim.

O Francisco ficou muito mal no começo. Ele não apoiou o casamento logo de cara. Tinha muito ciúme. Acho normal: meu filho, sempre esteve do meu lado. O processo de escrever um livro é legal justamente para fazer com que a gente pense um pouco no que passou. A vida é tão louca, tudo tão corrido, tão rápido, que a gente deixa muita coisa para trás. E hoje, ao escrever isso, eu também entendo o lado dele. Ele estava no final da adolescência, com uns 19 anos, e devia ser complicado ver a mãe se casando. Ele era outro que achava aquilo uma palhaçada.

No começo, nem ele e acho que nem ninguém estava entendendo direito o quanto aquilo tudo estava sendo importante para mim. Não num primeiro momento.

Dito isso, preciso falar do Marcello, meu empresário. Ele foi quem mais rápido entendeu que o casamento era um sonho, sim. E que ser noiva e ter de lidar com toda a burocracia de um casamento iria fazer ruir um pouco daquela atmosfera de sonho. Não ia ser totalmente incrível se eu tivesse que lidar com algumas coisas que envolvem toda a preparação para um casamento. E na primeira vez que Marcello me viu sentada no escritório com o meu diretor financeiro, fazendo planilha do casamento, fazendo contas... Ele falou:

— Você não pode mais fazer planilha de gastos, fornecedores. Isso vai destruir um pouco do sonho.

— Como não? Eu estou pagando o casamento. Tenho que sentar com o meu diretor financeiro e falar para ele que tem que pagar a flor, a bebida, o bufê, segurança...

— Não, Preta. A partir desse momento, vive seu sonho. Deixa que eu vou cuidar da burocracia, vou fazer os pagamentos para você. Escolhe, veja o que gosta, e deixa a parte mais chata para mim.

Poxa! Eu nunca tinha sido princesa na vida. E o Marcello me deu de presente a possibilidade de eu me sentir assim naquele momento. Então, enquanto muita gente ficou sem entender o que eu queria com aquela festa, ele foi lá e me ajudou demais. Não era um casamento pago pelo meu pai, era o casamento de uma mulher moderna, de uma mulher de 40 anos que queria casar e tinha recursos, graças a Deus, para bancar seu próprio sonho. E Marcello foi um anjo nesse momento.

E, no furacão todo de planejamento, a gente descobre que Francisco e Laura, sua namorada, estavam grávidos. Imagina! No meio daquilo tudo, Laura grávida, uma loucura! A Sol, minha neta, merece um capítulo só para ela. Por isso mesmo vou contar um pouco mais para frente toda a história. Aqui, deixo apenas registrado o cenário: casamento marcado, um monte de coisas para resolver, Laura grávida, eu dando o maior apoio para os dois e Francisco ainda desconfiado. Um mês antes do casamento eu chamei Francisco e disse:

— Eu estou casando porque eu e Rodrigo nos amamos. Não sei se vai dar certo, não estou me amarrando a ele. Não estou projetando nele o desejo de me casar ou de dar uma festa, posso fazer isso sem nenhuma desculpa. Mas foi com ele que esse desejo se manifestou, estou projetando uma união de vida com base no nosso relacionamento, no que a gente vive hoje, no amor que a gente vive hoje, no respeito que a gente tem um pelo outro hoje, na paixão que a gente tem um pelo outro hoje e do futuro só Deus sabe.

Como o cara maduro e equilibrado que é, Francisco se abriu. Aquele papo foi de extrema importância para nós dois. E eu aprendi mais uma coisa com a vida: eu ia fazendo tudo tão rapidamente e, muitas vezes, não dividia as coisas com ele. E é importante dividir. E eu tento, desde então, ser mais atenta a isso.

E, a partir disso, meu filho me deu a alegria de ter embarcado na história do casamento. Ele ajudava, ele entendia, ele se interessava.

...u, bebê, com ...inha mãe, Drão.

...qui, com Pedro, ...eu irmão herói.

Uma criança feliz: já cheia de caras e bocas (acima) e com meu pai Gilberto Gil (à esquerda)

Com meu pai, lindo e moderníssimo: no meu mundo de criança, tudo era livre de preconceitos e de caretice.

mava ficar patinando
ela casa ao som de
renéticas, da tia Rita
ee, da madrinha Gal…

estida para uma festa
nina com minha irmã
aria.

Eu, Pedro e Maria: cumplicidade, brincadeiras e muita alegria.

E essa carinha em uma das fotos do Colégio Andrews?

Família sempre unida: eu, nossa mãe, Sandra, e meus irmãos Maria e Pedro.

Adolescente, com uma camiseta da Company, hit entre os jovens da época. Os cabelos, eu enrolava para que ficassem crespos (sem muito sucesso). Ele sempre foi liso, como na foto abaixo.

Com Bela, minha irmã, que tornou minha vida ainda mais divertida quando veio ao mundo.

Orgulhosa do me[u]
barrigão de grávid[a.]
Francisco nasceu no d[ia]
20 de janeiro de 199[4.]

Amamentando me[u]
bebê, que mudou minh[a]
vida para sempre[.]

Com meu pai e Francisco: avô carinhoso e presente.

Meu filho sempre foi uma criança feliz e sempre esteve ao meu lado.

Na minha época de produtora/diretora, nos bastidores de um clipe com Ivete, que me deu muita força para seguir como artista.

A polêmica – e linda – foto de Vânia Toledo para o encarte de meu primeiro álbum.

Em 2002, fiz meu primeiro show no Mistura Fina: ainda sem disco gravado e sem ser reconhecida como artista.

Show no Palace, em São Paulo, em novembro de 2003: já tinha meu primeiro disco, algumas polêmicas e uma música nas rádios.

Com Ana Carolina, crush, amiga e compositora de "Sinais de Fogo", em um carnaval de Salvador.

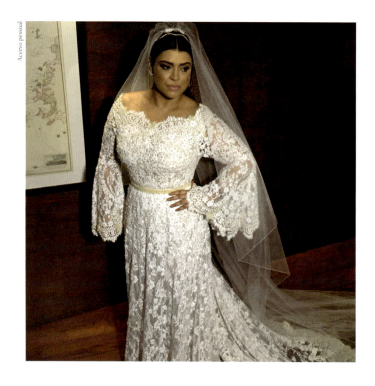

2015: de noiva, com um vestido lindo da Helô Rocha

Com o Bloco da Preta, arrastando uma multidão pelas ruas do Rio. Ao meu lado, Gominho no carão.

Com Paulo Gustavo, amigo amado e de quem sinto saudade todos os dias.

Com a vó Wangry, minha mãe, Fran e minha neta Sol.

Muito amor com minha madrinha Gal, Fran e Sol.

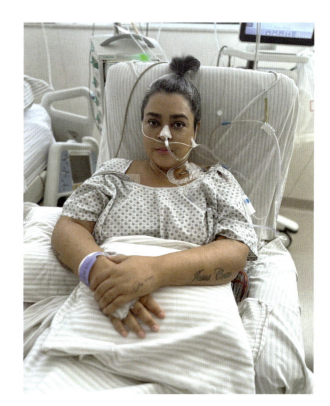

Depois de meses de tratamento contra o câncer, passei por uma cirurgia complexa em agosto de 2023.

Com a bolsa de ostomia, que passou a ser minha melhor amiga durante os meses em que convivi com ela.

Ano novo d[e]
muita gratidão e amo[r]
com meu pai e Flor[a]

Tenho orgulho de me[u]
corpo, que carrega o qu[e]
vivi e quem eu sou[.]

m dia lindo e
gratidão por estar viva,
em e com saúde.

Quanto amor eu sinto
or minha neta!

Em 2024, preparada para a volta do Bloco da Preta: em remissão, me sinto curada e mais viva do que nunca.

Sem palhaçada, com emoção

CLARO QUE EU TENTEI ENTENDER AO MÁXIMO as pessoas não darem muita trela para o meu casamento. Já tinha tido casamentos, não de papel, mas morei junto, com algumas pessoas. Não era o primeiro. Não tinha aquela expectativa. Era uma mulher de 40 anos se casando depois de ter passado por alguns relacionamentos. E uma mulher que adora uma festa, vamos combinar. Eu me lembro de que fizeram até bolão na internet, apostando quanto tempo duraria meu casamento. Apostavam em um mês, seis meses, um ano... e eu olhava aqueles bolões e eu falava comigo mesma:

— Eu posso apostar em todos eles. Pode até não durar, mas o que eu estou vivendo hoje é o que importa.

Meu pai e Flora sempre respeitaram o meu desejo e nunca fizeram piada. Mas o clima era meio de "hahaha", se é que posso escrever assim em um livro. Acho que posso.

Na hora da cerimônia... ah, meu Deus! Francisco foi comigo no carro e, quando chegamos na porta da igreja, centenas de pessoas me esperavam do lado de fora. Eu cheguei na hora certa, mas me atrasei vinte minutos para conseguir sair do carro e andar até a porta, de tanto fã e repórter. Tinha jornalista em cima do carro e eu só conseguia ficar nervosa com a possibilidade de o *Pânico* aprontar outra coisa para cima de mim. Eu, literalmente, tinha pânico do *Pânico*. Eu já tinha visto fazerem coisas absurdas com as pessoas e ficava imaginando eles jogarem algo em mim, não sei. Se fazia qualquer coisa por um pouco de audiência.

Antes de continuar, corta para aquela reunião com as cerimonialistas, para decidir sobre o casamento. A Elisa me disse:

— Acho que temos que colocar bastante segurança na porta.

— Imagina! – disse eu. – Eu só vou me casar... casamento normal, as pessoas não se casam? Eu vou entrar, vou me casar, não tem que ter muito segurança, nem interditar rua. Todo mundo casa a toda hora. Em uma terça-feira, no centro do Rio, o máximo que vai acontecer é ter um fã ou outro. E tudo bem, eles vão tirar umas fotos, me cumprimentar e eu entro.

— Não, Preta. Acho que a gente tem que colocar segurança.

Volta para a porta da igreja. No dia do casamento.

Eu não conseguia sair do carro. Tinha gente em cima. É bem na rua na qual desfilo meu bloco de Carnaval e parecia um bloco da Preta ali, naquele momento, só que era meu casamento. Essa cena é de um simbolismo muito doido para mim. E os seguranças conseguiram organizar, respirei fundo e saí do carro.

Foi todo mundo respeitoso. Os fãs aplaudiam e me desejavam boa sorte. Os repórteres ali vibraram comigo. Acho que, pensando bem, os jornalistas entenderam que era um sonho meu antes mesmo da minha família, que ainda estava dentro da igreja. Não tinha como disfarçar, estava na minha cara.

Cheguei, vi meu pai na porta e não me segurei. Já entrei chorando. A entrada demorou séculos. Eu chorava, eu falava com todos os convidados nos bancos. E meu pai também, claro. E foi uma comoção. E foi tudo muito lindo. Assim que cheguei perto dele, ele me falou:

— Você está linda, muito linda. Eu te amo.

Foi mágico. Quando a porta da igreja se abriu para a gente sair, era um mar de gente e de celulares fotografando e filmando a gente. Gente aplaudindo, um som de todo mundo gritando "aaaaah".

Parecia que a gente tinha feito um gol.

Depois, fomos para a festa. E lá todo mundo foi me dizer que havia entendido o quanto tudo aquilo significava para mim. Vou resumir em minha mãe, aquela mesma que dizia que era tudo palhaçada e presepada, e no que ela foi me dizer:

— Foi a coisa mais linda. Não foi uma presepada.

Nos divertimos, dançamos. Celebramos com amigos e familiares. Foi tudo como idealizei. Foi melhor. Até a "lua-de-mel-perfeita", Maldivas! Estava em um lugar paradisíaco e, de repente, tive que lidar com uma fake news — a tal notícia falsa, em bom português — sobre meu casamento.

Malditos nas Maldivas

Eu me casei usando o meu dinheiro, o dinheiro do suor do meu trabalho. E do nada surgiu um homem escrevendo uma matéria na internet, em um grande portal, dizendo que eu havia me casado com verba captada pela Lei Rouanet... Gente, lei de incentivo é muito séria! E tinha um cara acusando a mim – e a meu pai – de crimes que não cometemos.

Então, aquilo é uma calúnia, é difamação, são danos morais. É muita coisa ruim em uma "simples matéria" postada em um portal da internet. Nas Maldivas, o meu conto de fadas foi virando um inferno. Eu recebia e-mails de amigos chocados com aquela mentirada toda. Centenas de mensagens chegavam ao meu telefone, me apoiando. Mas também, claro, existem os haters. Eu entrava nas redes sociais e pessoas escreviam: "Devolve o meu dinheiro." Oi? Nunca me beneficiei de nenhum projeto através da Lei Rouanet. O homem que escreveu aquilo foi de uma maldade, de uma leviandade atroz. Eu não podia deixar barato.

Entramos com processo e ganhamos em todas as instâncias. Ele teve de se retratar. Publicou no próprio portal um pedido de desculpas para mim e para o meu pai.

E alguém viu?

Alguém compartilhou?

Acho isso muito, muito injusto. Não se brinca com a vida das pessoas.

O fim

Agora, quem escreve essas linhas é a Preta de 2024. Além de toda a questão da minha doença e da sepse que quase me matou, ainda tive que lidar com uma traição e uma separação. Hoje, consigo perceber que desde o primeiro momento do meu diagnóstico o Rodrigo tentou me blindar, me afastar das pessoas. Nosso relacionamento ia mal e agora sei que naquela época ele já estava com a amante. Foi como se eu estivesse cega a todos os problemas do nosso casamento e só agora conseguisse entender com clareza alguns comportamentos.

O tratamento de um câncer como o meu é muito pesado, então diversas vezes me vi prostrada, acamada, sem mal conseguir me levantar. Durante esse período tão difícil, fui completamente abandonada por ele. E faço questão de falar isso porque essa é a realidade de várias mulheres no Brasil. Segundo a Sociedade Brasileira de Mastologia, 70% das mulheres são abandonadas pelos parceiros durante o tratamento contra o câncer[2]. Por me sentir abandonada, me separei quinze dias antes de saber da traição.

[2] SOUSA, Natália. Na velhice e na doença: mulheres são abandonadas quando não podem mais cuidar. *AZMina*, 18 jan. 2022. Disponível em: https://azmina.com.br/reportagens/na-velhice-e-na-doenca-mulheres-sao-abandonadas-quando-nao-podem-mais-cuidar/. Acesso em: 12 jun. 2024.

Nosso casamento sempre foi de muita confiança. Eu tentei ter um filho dele. Era um sonho nosso. Quando tinha perto de 46 anos, fizemos fertilização in vitro... Tentei duas vezes. Mas não pegou. Nas duas vezes eu fiquei muito mexida. Os hormônios eram muito pesados e foi uma seguida da outra. Meu corpo respondeu de maneira muito pesada também. Foi por isso que decidi não tentar mais.

Então, mesmo sentindo que meu casamento não estava indo bem, não pensava que fosse algo grave, achava que fosse uma crise e que com diálogo fôssemos superá-la. Inclusive, imaginava que essa crise pudesse ter sido desencadeada porque, depois de quase oito anos, tínhamos decidido parar de trabalhar juntos e não misturar o pessoal ao profissional. Guarda essa informação pois voltarei nela, uma vez que a traição aconteceu debaixo do meu nariz, já que a mulher em questão trabalhava comigo e era uma amiga.

O que me choca nessa história toda não é a traição em si, não é se apaixonar por outra. Não sou hipócrita, afinal, é uma situação que pode acontecer comigo ou com qualquer pessoa. O problema é você optar por trair várias vezes e continuar com o relacionamento, enganando e manipulando sua parceira. E no nosso caso havia ainda a gravidade do meu diagnóstico.

Nada contra o cara se apaixonar, mas é necessário ter uma atitude de homem adulto, com duas saídas: ou terminar o casamento ou terminar com a amante. Pelo que descobri, eles começaram a ficar juntos em outubro de 2022. Poderia ter me dito lá atrás. Iria sofrer com a separação? Claro. Mas não teria sido tão ruim como do jeito que as coisas aconteceram.

Sempre o aconselhei, desde o início do casamento, a não abandonar os amigos, a sair. E ele nunca quis. Ficava dias e dias trancado num quarto jogando videogame e se recusava a dar uma volta. E eu brincava: "Prefiro você num barzinho do que enfurnado nesse videogame sem ver a vida lá fora." Um pouco antes do diagnóstico, ele começou a dizer que ia ouvir meus conselhos e sair mais com seus amigos de antes do casamento. E eu incentivava e ele ia: festival, pagode, festas. Essas saídas foram virando rotineiras, então chegou uma hora que aquilo começou a me irritar.

Depois do diagnóstico, alguns amigos já estavam percebendo as atitudes inadequadas dele, que continuava a viver a vida, como se nada estivesse acontecendo. Claro que meus amigos não ficavam comentando, pois tinham medo de como eu reagiria. Apenas me protegiam, e assim minha casa foi literalmente invadida por tanta gente que amo e que me ama. Foi algo muito bonito. Eu nunca ficava sozinha, meus amigos sempre se revezavam para cuidar de mim, me dar banho, me dar comida, me acompanhar ao hospital etc. Para falar a verdade, acho que foi isso que salvou a minha vida. Se não fossem meus amigos, eu não teria superado tanta dor.

Sem contar, claro, com o apoio e o carinho de tantos fãs queridos. Nos períodos do tratamento em que consegui fazer shows, ao pisar no palco, me energizava com todo o amor que recebia do meu público. Gratidão imensa por esse acolhimento.

A minha história e a do Rodrigo começou de forma muito linda e se encerrou de modo traumático. Hoje, vejo que o divórcio foi como um livramento, mas a superação é um processo.

Sepse

ANTES DE SABER DA TRAIÇÃO, eu me separei pela negligência do Rodrigo comigo. Estava cansada de passar mal sozinha e ser abandonada por ele. Desde quando recebi o diagnóstico, ele negava minha doença. Dizia:

— Você é forte, vai ficar bem. Tenho certeza de que você não vai morrer disso.

Eu respondia que, sim, também tinha certeza de que não morreria disso, porém o tratamento é um processo doloroso e precisava do meu marido ao meu lado. Sempre que demandava a presença dele, por exemplo, para passar a noite comigo durante as internações, ele fugia. Dizia que tinha fobia de hospital, que ficar naquele ambiente o sufocava e que havia muitas pessoas que poderiam fazer isso por mim, como o Gominho, a Júlia, a Malu, a Soraya, o Francisco etc.

O começo do fim foi quando, em de março de 2023, eu estava passando muito mal – logo depois entraria no quadro de sepse – e o Rodrigo não cancelou a ida ao Uruguai para fazer um curso, ida essa que mais tarde descobri ter sido uma "viagem romântica" com a amante.

A cada ciclo de quimioterapia os efeitos colaterais ficavam mais intensos, e os do quinto ciclo foram os piores de todos. O nível de dificuldade era tanto que eu não conseguia nem levantar da cama e essa cena não o comoveu. Um dia antes da viagem dele, eu já não tomava banho havia três dias por estar completamente sem forças. Rodrigo estava na rua e, graças às minhas funcionárias e ao Gominho, pude tomar banho. Eles me levantaram, me levaram para debaixo do chuveiro, me esfregaram, lavaram e pentearam meu cabelo e me colocaram novamente na cama.

Naquele dia, Rodrigo chegou em casa tarde da noite. Quando o vi, contei o quanto estava me sentindo mal e sobre a ajuda que tive para conseguir tomar banho. A resposta dele foi:

— Que ótimo que eles te ajudaram, *mozi*.

Eu disse que gostaria que fosse ele que tivesse me dado banho, e ele argumentou que estava muito ocupado com o trabalho.

No dia seguinte ele viajaria para o Uruguai, onde faria um curso, e pedi a ele que não fosse, pois eu continuava me sentindo mal, estava com um cansaço estranho. Rodrigo disse ser algo normal, apenas efeito da quimioterapia, e que o curso, a hospedagem e as passagens já estavam pagas e se tratava de um valor muito alto investido para cancelar. Lembro que o ver sair de casa para o aeroporto naquela manhã foi uma cena muito marcante e triste para mim. Naquele mesmo dia, à tarde, fui internada de emergência no hospital com um quadro de desidratação e algo maior que iríamos investigar. Na manhã seguinte, enquanto fazia os exames para descobrir de onde vinha meu mal-estar agudo, tive uma sepse no momento que fazia um exame do coração. Meu corpo entrou em choque, minha pressão caiu, meus batimentos subiram e a maldita bactéria tomou conta do meu corpo.

Minha internação aconteceu numa quarta-feira, e Rodrigo retornou de viagem no domingo. Quando voltou, passou comigo uma noite no hospital, mas estava muito distante e havia um clima pesadíssimo entre nós. Aliás, esse mesmo clima estava presente também com todos os meus amigos e a minha família. Ao perceberem as atitudes dele, ninguém mais o tratava bem.

Certo dia, minha família e eu estávamos reunidos no quarto do hospital decidindo os próximos passos do meu tratamento e conversando sobre a decisão de trocar de equipe médica. Eu havia passado por cinco ciclos de quimioterapia e meu tumor não havia diminuído em nada. No meio da nossa conversa, Rodrigo começou a reclamar que não era informado nem consultado sobre nada. A Flora então disse:

— A opinião do Rodrigo não conta, né? Afinal ele nunca está presente.

E era verdade, no entanto ele surtou ao ouvir isso e fez um escândalo no quarto. Brigou comigo, me questionando, com bastante grosseria e violência, sem respeitar o momento delicado pelo qual eu passava. Nesse momento minha pressão foi para 21, os monitores do hospital começaram a apitar. Os médicos entraram em contato com a Malu e falaram:

— Esse homem faz mal a ela. É necessário que ele não a visite mais.

A Malu veio ter essa conversa comigo. Eu estava no meio de uma crise, no momento mais triste da minha vida. Era inacreditável pensar no que estava passando. E ele ainda se colocava como a vítima da situação, como o perseguido por minha família e amigos.

No dia seguinte ele voltou pela manhã. Assim que entrou no quarto, contou que cruzou com uma menina chorando no corredor do hospital porque seu avô havia infartado e o pai a proibira de ir ao Tardezinha, evento de pagode, que o Rodrigo amava frequentar, ia em todos. Respondi que ela deveria estar como ele, pois Rodrigo deveria estar louco para ir ao show e também não poderia porque precisava ficar comigo. E, de fato, ele aproveitou a brecha e contou que já tinha os ingressos e gostaria de ir.

Assenti e falei:

—Tá bom, pode ir. Mas, quando for, aproveita para passar em casa e pegar suas roupas e tudo que for seu e depois vai embora.

Ele enlouqueceu de raiva e novamente brigou comigo sendo extremamente violento nas palavras. Para ele, eu estar no hospital não significava que ele não poderia mais sair nem fazer nada longe de mim. Como um homem casado pode cogitar agir assim quando sua esposa está em estado grave internada na UTI? No fim das contas, ele disse que não ia ao show, mas também que não ficaria mais comigo no hospital e foi embora. Depois disso ao longo de todo o dia ele não me ligou mais. Isso tudo acontecendo e os médicos travando uma luta para estabilizar a minha pressão arterial. Meu psiquiatra foi acionado e pela primeira vez desde o início do tratamento tive que entrar com remédio controlado para ajudar nos picos de hipertensão, de fundo emocional.

Por volta das onze da noite, olhei as câmeras de casa e não vi nenhuma movimentação de que ele estava por lá. Ele tinha um carro bom, mas, nos últimos tempos, só saía com o meu. Ele nunca havia feito isso, achava estranho. Antes de dormir, mandei uma mensagem pedindo que ele deixasse o carro em casa, pois no dia seguinte Fabinho, meu motorista, levaria minha mãe ao hospital para me visitar.

Ao acordar no outro dia, às seis da manhã, quando enfermeiras foram colher sangue para exames, peguei o celular e verifiquei que ele nem havia visualizado a mensagem. Liguei para casa e pedi que uma funcionária fizesse o favor de averiguar se Rodrigo estava no quarto dormindo. Ela, sem jeito, me disse que não.

Aquilo me deixou furiosa. Escrevi uma mensagem enorme para ele, dizendo que para mim tudo estava acabado. Não aguentava mais a insensibilidade, a negligência e a incapacidade dele de cuidar de mim. Minha previsão de alta era para dali a dez dias, então pedi que até esse momento ele retirasse todas as coisas dele da minha casa. Então ele me ligou e sua justificativa foi algo como: "Poxa, me desculpa. Estava cansado, acabei dormindo na sala da casa de um amigo. Prometo que não vai se repetir. Por favor, me perdoa", e blá-blá-blá. Falou ainda que iria naquele instante ao hospital para conversarmos, e eu pedi que não fosse, pois não queria vê-lo. Ele seguiu insistindo, mas eu disse que minha decisão precisava ser respeitada. Quando desliguei o telefone, chorava e chorava, estava muito, muito triste, e os médicos preocupadíssimos comigo porque minha pressão estava muito alta. Então, posso dizer que, quando nos separamos, eu estava literalmente na cama do hospital.

Na segunda-feira após essa discussão, fiz minha sessão de terapia e a psicóloga me indagou: "Preta, você já perguntou para o Rodrigo se ele está se movimentando para sair de casa?" Então questionei o Gominho se ele estava percebendo algum movimento do Rodrigo nesse sentido, e ele falou que não.

Liguei para o Rodrigo e perguntei se já havia encontrado um lugar para se mudar.

— Como assim? É sério isso? – foi a resposta dele.

Ou seja, ele não havia providenciado nada. Começou a dizer que não tinha para onde ir, que voltar para a casa dos pais era uma vergonha e que só restaria dormir no carro. Por mim ele poderia dormir em qualquer lugar, menos na minha casa. Queria chegar do hospital e não ver a cara dele.

E nos dois dias que se seguiram fiquei nessa agonia, e ele não arrumava as coisas para ir embora nem dormia em casa. Quando o questionava, recebia as mesmas desculpas de sempre: "Ah, dormi na casa de um amigo em Copacabana", blá-blá-blá. Durante todo esse tempo, eu nem desconfiava que ele pudesse estar me traindo. Na véspera da minha alta, Duh e Gominho pegaram Rodrigo em casa e tiveram uma conversa séria com ele, dizendo que precisava agir como homem adulto e sair dali antes que eu chegasse, pois a presença dele me causaria muito mal. Pediram que ele não me deixasse passar por mais essa situação difícil.

Em abril, na Páscoa, lembro de estar no hospital e ter mandado várias mensagens de áudio para ele chorando e desabafando sobre a situação toda. Questionava-o por que não havia cuidado de mim e pedia que refletisse sobre todo o mal que tinha me causado. Quanto a isso, algo que ele sempre reclamava é que eu só o cobrava e não mencionava que ele "salvou minha vida" quando passei mal em casa e ele me levou ao pronto-socorro no dia em que descobri o câncer.

Então tive alta, Francisco foi me buscar por volta das dez da manhã e, trinta minutos antes, Rodrigo ainda estava por lá. Ou seja, ele deixou para ir embora no último segundo. Liguei para questioná-lo, dizendo o quanto estava nervosa e que, depois de trinta dias internada, queria chegar em casa e ficar em paz. E ele não entendia qual era o problema de nós nos encontrarmos e dizia que não teria como levar todas as suas coisas de uma vez. Mais uma vez afirmei que não queria vê-lo e que arrumaria as coisas dele e deixaria na garagem para retirar.

— Poxa, que absurdo! Não acredito que nosso relacionamento vai acabar desse jeito, a gente precisa conversar. Eu te amo, você é a mulher da minha vida – ele dizia.

Esse momento de separação foi muito delicado. Sofri dias bem duros e fiquei profundamente deprimida. Não parava de chorar. Como eu disse, nem sonhava que ele tinha uma amante, e, nessa época, como depois descobri, um jornalista já tinha uma nota pronta e um vídeo do Rodrigo e da amante juntos no aeroporto voltando do Uruguai. Todos os meus amigos já estavam sabendo, mas queriam me proteger, ficavam preocupados com a minha reação. Malu negociou e implorou ao jornalista que não publicasse nada antes que eu recebesse alta, pois meu estado era preocupante e eu poderia até morrer com a notícia.

Tudo estava um caos e eu, completamente despedaçada. Então em um domingo não aguentei e resolvi ligar para o Rodrigo. Perguntei se ele gostaria de conversar para tentar entender tudo que estava acontecendo com a gente e, já que ele falava estar arrependido, quem sabe eu poderia dar mais uma chance a ele e salvarmos nosso casamento. Ele topou na hora, e combinamos de no dia seguinte à tarde ele ir até minha casa para conversarmos.

Assim que encerrei a ligação, saí do quarto e encontrei Francisco e alguns amigos que estavam em casa e contei sobre o telefonema e que não estava aguentando de dor, que preferia ficar com o Rodrigo pelo menos enquanto estava me tratando e depois que tudo estivesse passado teria uma conversa mais definitiva com ele sobre suas últimas atitudes. Imagine a cara de desespero de todo mundo quando eu disse isso! Afinal, eles já sabiam da traição.

E eis que mal acordo na manhã seguinte e, do nada, Alex e Angélica, que é minha vizinha, surgem no meu quarto. Os dois, sentadinhos na beirada da minha cama, falaram que tinham ido malhar e passaram para me visitar. Achei ótimo, mas ao mesmo tempo bem estranho. Papo vai, papo vem, senti ambos muito nervosos. Só depois fui entender por quê.

Começaram a chegar outras pessoas na minha casa, Francisco, Emilie e pouco depois chega a Carol. Aí, então, pego o celular para dar uma olhada nas mensagens e na internet e me deparo com várias notícias pipocando sobre o Rodrigo ter sido flagrado com minha stylist. Nesse primeiro momento, associaram a amante a minha amiga Helô Rocha, que fez meu vestido de noiva e inclusive estava no Rio e em breve ia me visitar. Claro que não era ela. Achei aquilo uma loucura e comentei com o pessoal. E vale dizer que até aquele momento ninguém sabia que Rodrigo e eu estávamos separados. Na época eu quis fazer um comunicado oficial falando sobre a separação, mas ele não.

Bom, até que li em um comentário postado em alguma dessas notícias de alguém dizendo que não era a Helô, e sim a minha stylist a amante dele. Nesse meio-tempo, Malu e Marcello me ligaram por vídeo, aquele ti-ti-ti danado rolando e eu só pensava: "Meu Deus, o que está acontecendo? Que loucura é essa? Então ele estava tendo um caso?" Liguei para o Rodrigo e ele negou tudo, disse que os jornalistas estavam mentindo e que só tinha encontrado com ela algumas vezes, pois frequentavam as mesmas festas, pagodes, e tinham amigos em comum. Disse que uma vez até me avisou que uma notícia como essa poderia surgir porque nessas saídas encontrava com muitas pessoas, principalmente mulheres.

Assim que desliguei o telefone, comentei a versão dele com o pessoal em casa. Aí, chamaram um funcionário meu que havia testemunhado algumas coisas e Rodrigo o obrigou a mentir para mim.

Fui ficando tonta e com a sensação de que ia desmaiar. Assim que Rodrigo chegou em casa para o encontro que havíamos combinado, contei sobre a conversa com o funcionário e o coloquei contra a parede. Ele continuou dizendo que era tudo mentira, que algumas vezes encontrava com ela, sim, mas que era uma relação de amizade, que isso era fofoca de jornalista, "você está acostumada, sabe como é". Mais desculpas para todos os fatos.

Encerrei a conversa novamente acreditando nele. Fui até a sala e todo mundo estava sentado, na expectativa. Conto outra vez a versão de Rodrigo e digo que as notícias devem ser apenas fofoca. Então Gominho pega o celular e me mostra um vídeo:

— Amiga, olha isso aqui que vazou.

O tal vídeo que mostrava Rodrigo e a amante juntos no aeroporto, na volta do Uruguai.

Parecia que estava vivendo um pesadelo ou estava dentro de um filme/novela, algo do tipo. Nesse momento Rodrigo estava guardando alguns pertences dele no escritório e fui confrontá-lo novamente. Pergunto se esteve com ela no Uruguai. Ele nega. Pergunto mais duas vezes e ele segue firme ao negar. Então mostro o vídeo e ele por fim confessa, pedindo mil perdões. Disse que havia encontrado com ela lá, mas foi por acaso, que ela já ia com uma amiga e blá-blá-blá. Eu achando aquilo tudo um absurdo, mas seguia acreditando.

Nesse dia o vídeo estava bombando. Fiz um pronunciamento que depois eu arquivei mencionando que eu estava tomando conhecimento daquilo tudo também naquele dia. Depois disso, começou a parte mais dolorosa dessa história toda: a minha saga para montar o quebra-cabeça do que tinha acontecido e do motivo de esse homem negar que tinha tido alguma coisa com ela.

Um dia, ela me mandou um e-mail que achei um tanto suspeito. Disse que tinha se aproximado de Rodrigo depois da separação dela, que estava carente e acabaram ficando bem próximos e amigos e, no meio disso, eles confundiram as coisas. Assim que percebeu esse desenrolar, se afastou dele imediatamente e esse foi o motivo principal para ter aceitado o fim do nosso acordo de trabalho. Ou seja, eles já estavam envolvidos antes mesmo de quando a dispensei, em 8 de outubro de 2022. Mais para a frente, descobri, por exemplo, que em 18 de outubro Rodrigo e ela viajaram para o Chile.

Foi um tal de ligar para um e para outro (sim, eu precisava saber de tudo o que tinha acontecido), até que ele também assumiu o envolvimento, mas disse que foi por estar carente e porque as coisas entre a gente iam mal. Discordei, porque, sim, estávamos em crise, mas tínhamos acabado de voltar da Europa e nossa questão não precisava ter sido resolvida com traição.

Ainda nessa ação de pressionar um e outro, ela conta que ele disse que ele planejava se separar de mim para ficar com ela, mas aí veio meu câncer e tiveram que dar um tempo nesses planos. No entanto, meu diagnóstico não os impediu de se encontrar. Ele nega, e diz que não, que nunca cogitou isso e que me ama e sou a mulher da vida dele. No fim das contas, descobri que não apenas foram juntos ao Uruguai (março de 2023) e ao Chile (outubro de 2022), mas também para Los Angeles (novembro de 2022), todas essas viagens enquanto estávamos casados.

Com tudo isso, fiquei destroçada. Não conseguia dormir, passei a ter crises de ansiedade e a ser medicada para controlá-las. Um dia desabafei nas redes sociais sobre como me sentia e ele me ligou revoltado, dizendo que toda vez que a vida dele parecia estar voltando ao normal eu fazia algo que motivava as pessoas a detoná-lo na internet e a olhar feio para ele nas ruas. Ou seja, além de tudo, seu desejo era me silenciar.

Apoio psicológico é algo muito importante. Eu admito que precisei começar a tomar medicamentos, calmante, por estar lidando com toda a situação da doença e da separação. Claro que tudo isso foi com o apoio de meus médicos. A saúde emocional e a saúde espiritual precisam estar em dia. Acredito que é fundamental para qualquer tipo de tratamento, não apenas o oncológico.

Para mim, que achei que o fim seria ali e que iria reconstruir minha vida, ainda sofri ameaças por meses, todas elas tentando o meu silenciamento. Quando ia a um programa de TV e abria meu coração, já sabia que viria retaliação. E elas vinham através de ameaças e ele me culpabilizando por eu não o deixar em paz e por não poder seguir sua vida. E eu dizia:

— Você não calculou por nenhum momento os danos de suas atitudes. Não sou culpada de você estar vivendo isso. São consequências de seus atos.

Ele insistia em dizer que, se eu tivesse ficado quieta, nada disso aconteceria. Acontece que eu não posso me calar.

Covid-19

A pandemia do coronavírus é, certamente, um marco no mundo todo. Todos têm suas histórias, todos perderam pessoas próximas. E, antes do câncer, eu fui uma das primeiras pessoas públicas a contrair o vírus, quando tudo era ainda mais confuso. Era dia 7 de março de 2020. Eu fui trabalhar, fazendo um show em um casamento. Cumprimentei algumas pessoas e voltei para casa.

No dia 11, eu senti um mal-estar físico. Tive sintomas que foram considerados leves, como dor de cabeça, dores pelo corpo e calafrio, muitas vezes seguido de muito suor. Eu perdi o paladar, o olfato e tive uma dor de ouvido que persistiu durante meses. Juntou tudo isso e eu me sentia imprestável. Cheguei a ficar sem conseguir me mexer de tanta dor que eu sentia nas juntas.

A dificuldade do isolamento e o fato de não poder ter contato com ninguém é aflitivo. Ainda mais para mim, que sempre estou rodeada de amigos. Eu ligava para os médicos para fazer um tratamento à distância, e, em alguns momentos, eu estava tão mal que eu e os profissionais que cuidavam de mim ficávamos ponderando: será que não é hora de ir para o hospital? Como tudo estava no começo, não queria ir para evitar contaminar outras pessoas.

Ao mesmo tempo, eu via conhecidos e amigos que estavam na mesma situação que eu e o quadro agravava do dia para a noite.

Fiquei muito preocupada por ter me encontrado com algumas pessoas queridas antes dos sintomas – fiz até uma campanha de sapatos com as mulheres da minha família. Por sorte, nenhuma delas teve sintomas.

Mas eu tenho uma fé enorme. Eu me apego a ela em momentos difíceis. Lembro de ter uma pequena imagem de Nossa Senhora Aparecida, feita de crochê, e eu dormia com ela, conversava muito com ela e sinto que ela esteve ao meu lado o tempo todo. Minha família me ligava a todo momento, meus amigos também. Fãs interagiam nas redes sociais (eles nunca me abandonam!), me mandavam comidas... foi uma enxurrada de amor.

Me curei, o paladar voltou, a dor de ouvido insistiu um pouco, mas passou. Mas a marca dessa pandemia é de dor, muita dor.

A dor de perder pessoas amadas. Minha avó querida, dona Wangry, lúcida e forte, perdeu a batalha para a doença. Meu amigo do coração, Paulo Gustavo, também. Foi um período de quase três meses de muito sofrimento, com o Paulo internado. Eu não podia conceber. Não acreditava que ele iria. Mas ele se foi. E deixou um enorme buraco em minha vida. Sempre olho nossas conversas no WhatsApp para tentar amenizar um pouco a saudade. Mas não tem jeito. Curioso é que nossos últimos papos foram todos sobre vacina. Ele se cuidou tanto... e, mesmo assim, pegou...

A última vez em que estive com ele, Thales e os dois filhos deles foi em um final de semana em sua casa na serra. Foi um protocolo surreal: eu fiquei dez dias isolada em casa, fiz o teste três vezes para então ir vê-los. Naquele final de semana, eu me sentei na cachoeira com ele. Contei sobre o Candomblé e sobre minha mãe Oxum – ele não conhecia muito a religião, mas sempre respeitou profundamente. E, com toda aquela água, falamos sobre isso. E sobre como os meninos cresceriam felizes ali. Aquela foi nossa despedida.

Ao mesmo tempo, saindo do âmbito pessoal, olhar para o país era uma tragédia ainda maior pela dor de testemunhar um presidente debochando das vítimas da covid-19. Dor de um governo que não conduziu, minimamente, a crise pelo qual passávamos. E desse homem, que nem quero citar o nome, eu já fui vítima: em 2011, ele simplesmente me ofendeu publicamente em um programa de TV.

Sem luz apagada!

UMA DAS COISAS MAIS INCRÍVEIS DE MINHA VIDA é ouvir o quanto minha presença se tornou libertadora para muitas mulheres. Frequentemente, e desde o início da minha carreira, eu recebo cumprimentos e mensagens sobre isso de não ter vergonha do meu corpo.

E por achá-lo bonito.

Um dos fatos mais marcantes em relação a isso foi o de uma mulher que me procurou depois de ler uma entrevista minha. Eu nunca tive problema com sexo e gosto é de transar com a luz acesa. E já disse isso em entrevista. Essa mulher me procurou para contar que tinha muita vergonha e pedia para o marido deixar tudo bem escuro na hora. Ao ler minha declaração, ela tentou, pela primeira vez, transar com a luz acesa. E me disse que foi ótimo!

É curioso notar, também, a enxurrada de comentários e likes que recebo quando coloco uma foto minha de biquíni nas redes sociais. Claro que existem os haters, mas sabe o que é ouvir a mulherada me contando que só usava maiô e decidiu colocar biquíni e ser feliz? Eu as entendo. No mundo em que a gente vive hoje, temos a banalização do Photoshop. Hoje, qualquer um tem um programinha de tratamento de imagem no próprio celular. São mil e um filtros. E todo mundo passa tempo demais naquelas redes, seguindo a blogueira X, a influencer Y. Grande parte delas "com-ple-ta-men-te" photoshopada, com mil filtros de edição e totalmente irreal.

Então chego eu. Uma mulher gorda, com celulite e com estrias. Hoje o corpo que eu tenho é esse, eu não tenho outro, eu não fiz outras escolhas. Esta sou eu e meu corpo carrega tudo o que vivi, tudo o que fiz, e tenho muito orgulho de ser quem eu sou. Por que é que eu não posso posar de biquíni no meu Instagram? Qual a diferença entre mim e a minha grande amiga-irmã, Carolina Dieckmann? Ela é linda. E eu sou linda. E você que está lendo é linda, minha filha! Você também, meu filho. E também você, filhe! Bora lá fazer umas fotos de biquíni, de sunga, com o que quiser – sem ficar alisando a pele com aquele programinha – e colocar nas redes?

Vou tirar as minhas cicatrizes? Vou tirar as minhas estrias e celulites? Eu vou continuar esse joguinho?

Não vou, eu vou me libertar.

É simples? Não. A gordofobia está em todo lugar. Está enraizada. Lembro que a produção do Silvio Santos me chamou várias vezes para o programa. Em 2018, topei fazer, pois seria com o David Brazil. Eu adoro o David.

E ali, naquele palco, tudo começou a desandar. Foi uma dor genuína. Eu não estava preparada para aquilo. Ele questionou como eu teria "arrumado um marido". Claramente por causa de meu peso.

Hoje, me arrependo de não ter saído do palco. Mas eu não tive forças. Eu tive uma sensação que imagino ser um pouco parecida com a descrita por mulheres que sofrem violência física ou verbal. Eu me senti impotente, eu me entreguei. E fui ficando tonta, fui deixando ele me bater... Eu só pensava que "Deixa, deixa. Se eu contestar esse homem agora vai ser pior, ele não vai entender, eu vou chorar." E Silvio começou a falar do meu peso. E eu só pensava nisso, que, se eu abrisse a boca, eu ia começar a chorar e ia acabar ficando como a maluca da história. O que, vamos combinar, foi um pouco o que aconteceu, afinal, ele levou o programa ao ar e tirou toda a parte em que me agrediu verbalmente. E eu apareço com aquela cara fechada por estar muito incomodada. O estúdio inteiro, como as bailarinas, o David, todos ficaram incomodados. O David repetia:

— É o Silvio, ele é assim. Ele não faz por mal.

Mas eu não consegui ficar de risadinha. Alguma coisa já estava mudando em mim. O Silvio sempre foi desse jeito, mas eu mudei. E aquilo bateu muito mal. Quando eu saí do programa chorando, aos prantos, a direção estava visivelmente chateada comigo. "Que pena que você não levou na brincadeira. Que pena que você não teve humor." E como ter humor!? Ele me chamou de gorda, de feia, de mentirosa... Ele questionou até o público de meu trio.

Assim que saí do estúdio, surgiu uma nota na internet, dizendo que eu tinha deixado o estúdio aos prantos. E eu fiquei de louca na história por nunca ter contado exatamente o que aconteceu. Por isso, conto aqui.

Sem contar que, anteriormente, anos antes disso, em outro momento no programa do Silvio, ele havia me chamado ao camarim, disse que meu rosto era bonito e que eu precisava emagrecer, emagrecer uns dez, quinze, quilos.

— Aí você vai ficar ótima! – e ainda sugeriu que eu procurasse um endocrinologista da confiança dele para que eu emagrecesse.

Na época, eu ainda colocava o Silvio como algo intocável, de um cara de respeito, e tentava compreender esses preconceitos que ele tinha. Então, foi uma sensação de decepção.

Essa é a primeira vez que falo tão abertamente sobre esse episódio. Sempre protegi o Silvio de inúmeras indelicadezas, gordofobia... mas não dá para ficar calada. Isso só me machuca.

Hoje, com o debate sobre o tema mais aberto, ainda é complicado. Sempre leio mensagens do tipo: "Já deu, já entendemos que você é empoderada, agora chega, para de ficar postando essas fotos de biquíni" ou "Isso tudo é marketing". Essas coisas me deixam bem assustada, principalmente quando vêm de mulheres. Hoje, vejo com orgulho outras meninas fora do que é considerado padrão e que têm perfil no Instagram e falam abertamente sobre o orgulho do corpo, o que não se via quinze anos atrás. Devia ser simples: seja você fitness, gordo, magro, alto, baixo... ótimo! Vai lá, viva sua vida, faça o que quiser, posta sua foto ou não, mas seja feliz.

De vilã a melhor amiga

Falando em redes sociais e autoestima, depois que postei uma foto minha no Instagram usando a bolsa de ileostomia, fui bombardeada de perguntas de pessoas que tinham curiosidade ou queriam entender melhor como ela funciona. E acho que, por ser um assunto envolto em tabus, é bom falar sobre ele e desconstruir preconceitos.

Não sou médica, mas ao longo do tratamento fui buscando me inteirar de todas as informações possíveis, então vou compartilhar algumas aqui. Há dois tipos de bolsa: a de colostomia e a de ileostomia (como a que eu usava), sendo ambas resultados de uma cirurgia abdominal cujo objetivo é construir uma passagem para ajudar a pessoa a eliminar as fezes. A bolsa de colostomia é pinçada a partir do intestino grosso. Já a de ileostomia é pinçada a partir da parte final do intestino delgado.

Assim que soube que seria necessário usar uma bolsa de ileostomia, minha reação não foi das melhores, fui bem dramática. Só falava: "Meu Deus, não!". Depois de colocá-la, eu a odiei. Mas posso dizer que revi meu sentimento de repulsa, considerava a bolsinha minha melhor amiga e me senti uma pessoa abençoada por poder contar com esse tratamento. A ostomia salva a vida de muitos pacientes com câncer ou com outras doenças gastrointestinais. Para mim, é um milagre, um feito enorme na história da medicina. No meu caso, a utilizei por três meses até que minha cirurgia no reto cicatrizasse, mas há pessoas que fazem uso dela por toda a vida e têm uma rotina normal.

Em relação à alimentação, é preciso ter bom senso. Além disso, contei com a ajuda da minha nutricionista Patrícia Arraes, que passou uma lista dos alimentos que normalmente soltam ou prendem o intestino para eu ir controlando minhas refeições. Por exemplo, alimentos muito gordurosos, como leite ou derivados, no meu caso, deixam o intestino solto, o que não é muito bom.

As fezes não devem ficar muito líquidas nem muito endurecidas, mas sim mais para pastosas. Então tudo é uma questão de ir conhecendo o próprio corpo, o organismo e se adaptar. Diariamente, reportava aos meus médicos a consistência das minhas fezes e fui equilibrando meu plano alimentar. Na maioria das vezes, apenas por meio da alimentação a gente consegue deixá-las no aspecto ideal, porém também me prescreveram medicamentos tanto para soltar quanto para prender o intestino conforme necessário.

Muitos têm dúvida sobre a limpeza da bolsinha. Depois de algum tempo, eu mesma fazia a limpeza dela, mas, durante os primeiros dias no hospital depois da cirurgia para retirar o tumor, quando ganhei a bolsa, soube que é comum a maioria dos pacientes ter uma espécie de rejeição a ela, como comentei. Enquanto estive internada, tive ali disponíveis os enfermeiros e as enfermeiras o tempo inteiro para limpá-la. Mal mexia nela. Nos últimos dias da internação, eu mesma comecei a limpar a bolsinha porque entendi que precisava ter alguma autonomia quando recebesse alta. Cheguei a criar, digamos assim, alguns mecanismos para higienizá-la de forma prática e fui me sentindo bem mais livre, inclusive para sair e comer fora. Quando ia a um restaurante, por exemplo, levava meu kitzinho de limpeza e fazia tranquilamente a higienização da bolsinha no banheiro, se fosse necessário. Devo também agradecer à Malu, à Soraya e à Aretuza, que foram essenciais nesse caminho. Elas me ajudaram nesse dia a dia de trocar a bolsa, de fazer a limpeza...

Passei por uma segunda cirurgia, em 30 de novembro de 2023, para retirar a bolsa e reconstruir o trato intestinal. Em alguns aspectos, essa segunda cirurgia foi mais complicada para mim. Tive que reaprender a evacuar com fisioterapia pélvica, para fortalecer o meu esfíncter. Assim, pude voltar a ter controle dele. Nos primeiros quinze dias, eu comia e corria para o banheiro, pois ainda não tinha controle. Não segurava. Passei dois meses nesse processo, usando fralda para não acontecer acidentes. Até hoje, em situações de emergência, eu recorro a ela. Ainda estou em reabilitação.

Hoje, me sinto curada e estou em remissão. Claro que ficarei durante cinco anos sob cuidados médicos, com uma rotina de acompanhamento, o que é o comum para pacientes oncológicos como eu.

Vó Preta

QUANDO O FRANCISCO E A LAURA ME CONTARAM que a menstruação dela estava atrasada, fiquei em pânico. Não vou mentir. A Laura tinha 17 anos, Francisco tinha 19. Em um primeiro momento, era uma coisa surreal. Mas, quando a gente fez o primeiro teste de farmácia e saíram os dois pauzinhos... ah! Que mágico. Eu fui a primeira a incentivá-los a ter o bebê. Eles ainda estavam muito confusos, a Laura com muito medo dos pais. Mas eu agarrei um amor doido por aquela barriga logo ao ver os dois pauzinhos no teste de gravidez. Foi o xixi mais celebrado por mim!

Dei muito suporte para que eles sentissem segurança, para que os dois entendessem que, sim, eles eram jovens, mas que a vida não iria acabar por ter um filho. Que eu ajudaria em tudo o que pudesse. Lembrei que precisei trabalhar com Francisco ainda com dois meses. Eu tinha que trabalhar de qualquer jeito. Só que eu já era produtora, eu era uma faz-tudo, me jogava no mundo, não era artista. Para o Francisco é mais difícil, porque ele é artista, o cara é músico. É muita instabilidade. A cabeça vai a mil. E acontece tanto de você ver pessoas que deixam de lado seu talento para ganhar algum dinheiro, fazendo outras coisas, para pagar as contas de casa! E quis que ele entendesse que, enquanto eu pudesse, eu ia dar estrutura em casa para eles terem a filha deles.

Quando a gente descobriu que era menina, então, meu mundo iluminou-se ainda mais. Eu sempre quis ter filha mulher. Eu conto isso para o Francisco e ele dá risada hoje em dia, mas achei que ele seria menina. Tinha até nome, Clara. Eu chorei muito no dia que descobri que ele era menino... Eu era criança. Achei que ia parir uma boneca, não sei bem o que pensei. Uma bobagem. Hoje, sei que a vida foi muito boa por ter me dado o Francisco. Ele é um cara especial. Maduro.

E, agora, eu me reapaixonei por ele. Ver seu filho tendo um filho e sendo um pai tão foda é algo que me toca profundamente. Passa pela admiração, passa pelo orgulho. Então é uma paixão dupla: pela bebezinha e por meu filho. Ele dá show no quesito cuidar da Sol, faz as coisas com uma facilidade, com uma naturalidade! Trocava a fralda e colocava para dormir, arrotar. Nasceu um cara ali que me faz entender que instinto existe. E ele veio para proteger. E eu, como avó babona, superprotetora e louca pela Sol, preciso me conter. E não posso ultrapassar certas barreiras. Eu tenho que entender que ela não é minha filha, que ela é filha deles. E deixar os pais decidirem o que é melhor para ela. Claro que, da minha maneira e sem imposição, eu dou minha opinião... Afinal, vó é para isso.

Quando ela nasceu, quando eu vi aquele rostinho, fiquei ainda mais apaixonada. É um amor sem explicação, não cabe no peito. No dia seguinte, eu tive que viajar para fazer show. Fui chorando. E nunca mais parei de chorar na vida: toda vez que eu me despeço dela é um chororô sem fim. Dor na alma, sabe? E, quando voltava das viagens, chegava virada em casa, às vezes três, quatro dias sem dormir direito. E, no momento em que eu a colocava no colo... tudo ia embora. O cansaço sumia, a dor que tinha frequentemente no joelho ia embora.

Aprendizado
não tem idade

A Sol foi criada como vegana.

Francisco e Laura decidiram que ela não comeria nada de origem animal. Era um tal de leite de amêndoa, leite de arroz, eles fazem uns leites que – para a minha geração – acho bem loucos. E são ótimos! Se a gente estava na rua, sempre levava a marmitinha dela, as coisinhas dela. Até nisso ela me ensinou coisas novas. Acho que ela veio, inclusive, para que eu prestasse mais atenção à minha dieta...

A Sol veio com um nível de esperteza, de beleza na alma, que não é normal. Sei que parece papo de avó maluca, mas, aos dois anos e meio, ela falava tanto, dava tanta opinião e tinha um raciocínio muito próprio. Se a gente dizia que não podia fazer algo, ela raciocinava e tentava entender os motivos, mesmo quando era muito pequena. Eu ficava admirada.

E ser avó é um aprendizado atrás do outro. Essa criança me ensina muito. Os pais dela me deixam ser avó, e me pedem coisas diferentes, sobre as quais eu não pensava muito antes. Por exemplo, eles pediram, no começo, para não comprar coisas de marca e nem a encher de laços, ou coisas cor-de-rosa. O motivo? Ela não tem que achar que existe coisa de menina ou de menino. E que tem que ser e escolher o que quiser da vida.

Olha que choque!

Eles já pensavam no espaço do bebê. Nas escolhas. Eu admito, aqui, que ri da cara deles na primeira vez que me falaram sobre isso. Depois, percebi o quanto se aprende a vida inteira.

O feminino não tem nada a ver com fragilidade, com fraqueza, com sentar direito, que nem "mocinha", ou com usar lacinho. O feminino não está aí e, através da minha neta, eu redescubro o meu próprio feminino. O feminino nasce a partir das escolhas dela, não das imposições.

Lembro de uma passagem, quando ela tinha perto de três anos, e quis se fantasiar de *A Bela e a Fera*. Eu perguntei:

— Quem você é? A Bela?

— Sou a Fera! – me disse ela, soltando um rugido louco.

E tudo faz sentido! Dividir a sociedade em coisa de menina e de menino não dá mais. E imagine você que fui pensando nisso por causa da minha neta. Então, hoje, meu feminino passa pela minha neta.

Descobri, com minha neta, o glitter biodegradável. A mãe da Sol só usa glitter biodegradável. Faz todo o sentido, porque, se não problematizarmos agora, o que vai ser da gente? Estamos enchendo o mundo de plástico, de lixo. E o glitter é mais um plástico. Então, o que fazer? Olha o que uma neta causa na pessoa! Fica cheia de novas informações. Novo fôlego. Novas perspectivas.

Hoje, travo uma luta diária para ter hábitos mais saudáveis. Não para emagrecer. Mas por querer sair dessa bem, motivada e com saúde. Estou dizendo isso por qual motivo? Porque ainda quero viver muito e quero ficar velhinha vendo a Sol se desenvolver. Para dizer o quanto a Sol me fez enxergar um monte de coisas, o quanto a gente nunca sabe nada. O quanto a gente aprende diariamente e não podemos nos fechar para isso. Não podemos achar que somos sabidões. Vividos. A gente, no fim das contas, ainda não viu nada. Até a história da "nega do cabelo duro" que contei no começo do livro tem a ver com o nascimento da Sol. Eu não quero que ela passe por certas coisas pelas quais eu passei, pelas quais minhas irmãs passaram.

A vida acontece muito rapidamente e eu vou vivendo, atropelando, e não paro para pensar muito em mim. Mas a Sol me deu o maior dos presentes: esse tempo. Esse tempo e esse olhar para novas coisas e para me entender melhor neste mundo.

Em 2019, quando Sol, Francisco e Laura saíram de casa, eu fiquei para morrer. Olha o drama, Preta! Eu sei, e tenho que ser uma mãe Preta Gil, moderna, compreensiva. Mas admito: eu pedi para que eles não fossem embora de casa. Eles fizeram as contas de quanto estavam ganhando, e iam conseguir se manter. Mas eu também admito que nem pensei no Francisco e na Laura: eu só falava "e a Sol?". Amo meu filho, sou louca por ele. Mas a Sol ainda não tinha nem três anos... e tudo o que eu fazia era com ela e para ela. Foi muito difícil.

Vovó dodói

Não contei de imediato para a Sol sobre o meu diagnóstico, até porque no início tudo aconteceu muito rápido e de modo assustador. Não sabíamos se era melhor contar ou não, pois estávamos preocupados com a reação dela, se ela ficaria apavorada.

E fui adiando o momento dessa conversa. Então, no verão, ela passou alguns dias comigo. Sol via toda aquela movimentação em casa e sabia que havia algo diferente, que a vovó estava "dodói", mas não perguntava nada a respeito. Em um desses dias ela viu o curativo que eu tinha no braço por causa do acesso do cateter da quimio, mas achava que fosse um machucado ou algo do tipo, e mais uma vez não prolongamos o assunto.

Quando tive a sepse e fiquei internada, ela foi me visitar na UTI do hospital e ficou um pouco assustada ao me ver, porque eu estava muito mal, abatida. Ela ficou comigo, me deu beijinho e foi ótimo, pois eu estava com muita saudade dela, uma saudade insuportável.

Depois disso, quando comecei a fazer radioterapia em São Paulo, em meados de abril, ela veio me visitar algumas vezes e continuamos sem tocar no assunto. Então, um dia, quando tive uma pausa no tratamento com dois meses de folga sem ter que ir ao hospital, sem precisar tomar remédio nem fazer exames, pude passar bastante tempo com ela. E ela chegou e me perguntou:

— Vovó, você tá com câncer?

— Sim, por quê?

Sol contou que uma colega da escola havia dito isso para ela no recreio. Perguntei se ela gostaria de conversar mais a respeito da minha doença, e ela disse que não. Respeitei e falei que a "vovó vai ficar bem".

É surreal como a Sol trata tudo com naturalidade. Assim que operei, mais uma vez ela veio passar um tempo em casa comigo, mostrei a bolsinha de ileostomia e expliquei como funcionava. A reação dela foi um "ah, que legal", meio que fingindo não ser grande coisa. Ficamos pensando de que forma ela estava lidando com tudo isso, algo a que a terapeuta dela também está atenta.

E, além da minha doença, meu divórcio foi muito difícil para ela. Acho que a separação foi uma situação até mais dolorosa do que meu diagnóstico. Afinal, o "vovô" dela desapareceu do mapa, né? Foi como se tudo tivesse desmoronado de uma só vez, e isso é bem complicado para uma criança assimilar. Outro dia ela comentou:

— Vovó, lembra aquela vez que saímos eu, você, o vovô... o vovô Rodrigo? – oscilando ao citar o nome dele. E eu disse que lembrava, tentando agir com naturalidade. Jamais falaria mal dele para ela. Nesse momento, a questionei se ela gostaria de falar sobre o "vovô Rodrigo", porque também nunca havíamos tocado no assunto da minha separação, e sei que ela tem as questões dela em relação a isso porque meu filho e a mãe dela já tinham comentado. A resposta da Sol foi:

— Não, já superei isso.

Enfim, a reação dela me assusta. E também me preocupa. Eu só quero que ela seja uma menina saudável, feliz, de bem com ela mesma e sabendo lidar com os problemas em que a vida nos coloca.

Hoje, a Laura e o Francisco não são mais casados. Mas têm uma relação ótima e mantêm uma rotina bem regrada para a Sol: sem comer doce, uma dieta toda balanceada. Chega na casa da avó, tudo é muito mais permissivo. Avó deixa tudo, brinca com tudo. Às vezes, os pais dela me dão um puxão de orelha. Pedem para eu maneirar. Mas ela tem uma relação muito saudável: ama a casa dela com a mãe, ama a casa dela com o pai e ama a casa dela com a vó Preta.

Talvez, daqui a alguns anos, ela se interesse por ler este livro, o livro da avó dela. Torço para isso. E aproveito para deixar um agradecimento, registrado aqui e para sempre:

"Sol, meu amor, vovó não sabe como seria a vida dela sem você. Te amo."

Dizendo adeus

A Rita já diz em "Coisas da vida": "Como é estranho ser humano nessas horas de partida". E, no meio de tanta coisa, de covid-19, depois câncer... perdi duas mulheres muito próximas e necessárias para a minha formação artística e pessoal. Minha madrinha Gal e a Rita. As duas num curto período de tempo, entre fim de 2022 e 2023.

É um choque. Uma coisa ruim do passar do tempo é ir perdendo quem você ama. Já contei aqui no livro um pouco do que vivi com Rita profissionalmente, quando a homenageei em *Um homem chamado Lee*. E, em 2017, eu tive o privilégio de gravar uma música com a Gal. "Vá se benzer" está em meu álbum *Todas as cores*, daquele ano.

Eu mandei um WhatsApp para ela, assim: "Dinda, essa é a música que você vai gravar comigo." Pode até parecer uma loucura, mas ela é minha madrinha. E eu queria gravar com ela desde o início de minha carreira de cantora. Então, quando tomei coragem, foi! Nem percebi o tanto que fui direta. Mas acho que foi a coisa do momento. Se pensasse muito, não teria chamado.

Uma das lembranças mais fortes que tenho é de quando eu estava gravando a música com minha madrinha. Ela falava para mim:

— Por que a gente não grava "Vá se foder"? É isso que a gente tem que mandar essas pessoas fazerem.

— Mas, Dinda, isso vai limitar a música. E se benzer é tão forte quanto.

Lembro que, antes de gravar o clipe, o stylist levou uns cem looks para ela aprovar, numa arara. Ela chegou na sala:

— O que é isso? Você transformou minha casa numa loja! Nunca vou provar isso tudo de roupa.

— Ele vai te mostrar os três looks que mais gosta e você decide – eu falei.

— Não gostei de nenhum.

Aí, já achando que não teria roupa para ela no clipe, me lembrei de um show que assisti dela no Cristo Redentor, uns três anos antes, e ela estava com um vestido lindo da Gucci. Preto, com um pássaro.

— E o vestido preto com o pássaro?

— Adoro ele! Tá no meu armário.

Ela provou e todo mundo:

— É esse!

O stylist ainda me disse:

— Pelo menos valeu por eu ter conhecido a Gal.

Todo esse período de gravar a música e o clipe com ela foi muito importante. A gente foi muito grudada durante a infância e a adolescência e isso tudo nos reaproximou definitivamente. A música e o clipe acabaram se tornando uma resposta a todos os haters que me atacavam. Celebra a diversidade, a liberdade. O clipe tem uma igreja, com símbolo do like e do dislike, como se fosse o julgamento: que a vida se resume a like e a dislike. Achei aquilo muito interessante e, quando começa o clipe, vemos pessoas me xingando, me apontando. Foi bem difícil de gravar, pois os figurantes não conseguiam me xingar. E eu tinha que falar: eu sei que estamos atuando, podem me xingar.

Uma coisa estranha que aconteceu foi que, assim que lançamos, não tinha nem um dia, o vídeo simplesmente desapareceu do canal da internet. Tiraram o clipe do ar. Reclamamos e ainda demorou algumas horas para que voltasse. Com toda a polarização pela qual passamos, o YouTube me disse que foi excesso de denúncia. A gente recorreu rapidamente, o YouTube deu uma resposta rápida e o clipe voltou.

Quando a minha madrinha morreu, estava com covid-19. Era minha terceira covid-19. Não puder ir ao enterro e me despedir. Isso foi muito duro. Queria ter feito os rituais. E eu não concebo que ela tenha partido.

Quando a Rita morreu, estava no meio do tratamento do câncer, e os médicos me proibiram de ir ao velório.

Por um lado, vejo uma vantagem nisso: para mim, elas não se foram. Me esqueço de que elas não estão mais aqui fisicamente, de tão presente que são. São mulheres revolucionárias. Que não só deixaram marcas profundas na arte e na cultura, como mudaram a sociedade. Uma coisa é certa: o legado dessas duas mulheres poderosas continuará a nos mostrar caminhos, a nos embalar.

E eu dedico, também, minha coragem a elas.

Coragem

EU SINTO MEDO. Mas também tenho muita coragem. É uma dualidade que pode parecer estranha. E, por mais que eu me amedronte, tenho um impulso que me faz ir para frente. Aos 50 anos, acho que metade do meu caminho foi trilhado. E eu sou quem eu quiser ser.

Sou fiel a mim mesma.

Eu sou a Preta e entendo que não vou agradar a todos.

Sou preta de cabelo liso e enxergo em mim uma negritude que é repleta de puro orgulho.

Sou a Preta que sabe que, aos 50, é sempre tempo de aprender. Aprendi isso na marra com a doença e com tudo o que passei nesses últimos anos. E sei que posso sempre me explorar, me reconhecer e melhorar. Passei dos vinte anos de carreira, e acho que só agora me sinto à vontade para ter um tempo para mim. Como se me encarasse em um espelho que vai além de um exterior. É um momento muito especial da minha vida.

Um livro não pode ser gratuito. Um livro é especial. E eu só resolvi escrever por querer me mostrar honestamente. A maturidade vem com uma segurança. Uma segurança ainda maior de saber o que não quero para minha vida.

Muitas vezes, me colocaram no meio do caminho: nem tão branca, nem tão preta; nem tão MPB, nem tão pop; é de esquerda ou de direita?; é gorda?

Magra é que não é.

Se eu não me valorizasse tanto nem tivesse certeza de quem sou, talvez eu tivesse me perdido no meio de tantas opiniões. Eu não sei como eu não me perdi. Mais do que isso: eu não sei como me achei! Por isso, sempre digo que tenho um protetor forte. Às vezes, acho que é meu irmão; outras vezes tenho certeza de que é Oxum. Nossa Senhora Aparecida? Quem sabe Jesus Cristo? O que sei é que sou guiada. Tenho muita luz em meu caminho, até para que eu não me desvirtue. Nem mesmo quando tive que encarar um câncer.

Lembra quando meu pai me falou sobre finitude? Então, eu fui entendendo a profundidade das palavras daquele homem – ele é muito sábio. Do jeito dele, ele me falou coisas que entendi, depois, dessa maneira: a gente tem que encarar que o fim é uma realidade. Para todos nós. E não somos nós que vamos escolher a hora em que vamos embora daqui. Então, a gente escolhe lutar. Uma luta que o Divino nos manda. Mas, nossa hora, só Ele sabe.

Eu entendi aquilo como minha luta. E eu encarei.

Eu encarei e consegui fazer alguns shows com minha família. Eu consegui voltar ao Bloco da Preta. Foco total na reabilitação – depois de passar pelo que passei tive que fazer muita fisioterapia, ganhar massa muscular, retomar meu condicionamento vocal.

Eu encarei e encaro.

Uma vez, me fizeram uma pergunta: "O que você diria para a Preta Gil aos 15 anos?" Eu diria: vai com medo mesmo. Medo foi um sentimento que me acompanhou muito nessa caminhada. E, naquela altura, eu tinha recebido um calhamaço de papel para fazer o teste de *Sex*

Appeal e amarelei. Paralisei. O medo de ficar sem meu irmão também me paralisou. O medo, e o que eu fiz dele, me fez enterrar parte do que eu sou e fui por muito tempo. Eu vivi apenas uma parte da Preta durante anos da minha vida. E sufoquei a outra.

A partir daquilo, o medo foi o regente de parte da minha vida. É difícil falar de arrependimento. Eu não me arrependo, pois passei por experiências muito importantes. Dou valor para muitas coisas de hoje, graças ao que vivi naqueles dias. Se dou valor à minha independência, se corro atrás das coisas que eu quero, se – mesmo errando, caindo e sofrendo – eu me levanto, é graças a tudo o que vivi. E graças ao que eu fiz do meu medo, quando resolvi encará-lo. E eu o encaro, desde então, todos os dias.

Quando resolvi encarar, eu sabia que tinha que combater o que me paralisou. E que teria que correr atrás do prejuízo. Para minha sorte, eu sinto que consegui. Eu provei para mim mesma que eu poderia viver do meu sonho, da minha música.

Ou seja: ter medo não é o problema. O problema é quando o medo te paralisa, é quando o medo não te dá outra oportunidade, é quando o medo não te deixa enxergar aquela porta aberta. Então, para a menina de 15 anos, virgem, em Salvador, toda vestida de branco, sem saber para onde ir, até a Preta de hoje, de 50 anos... Quanta mudança! Eu já vivi 50 anos e espero viver mais 50. Sendo eu mesma, sabendo de minhas responsabilidades com esse mundo.

Bravo, Preta, você foi corajosa.

A vida me levou para muitos lados e eu poderia ter sido extremamente infeliz. Mas sou extremamente feliz, extremamente realizada e com muitos medos ainda para enfrentar.

Pois entendi que o medo está aí para ser enfrentado. E, mais ainda: entendi que tenho muita coragem. Então, eu diria para aquela menina de 15 anos:

— Vai com medo mesmo. O medo não é um fim. É um começo. E você é mais corajosa do que pensa.

Se eu puder dizer algo a você, que chegou até aqui comigo, eu não teria a menor dúvida:

— Vai com medo mesmo. O medo não é um fim. É um começo. E você tem mais coragem do que pensa.

Posfácio

Hoje, depois de todo esse turbilhão pelo qual passei com o meu tratamento e com o término do meu casamento – quando senti muito medo de minha vida não voltar a uma normalidade e de nunca mais amar –, quero que você saiba que estou apaixonada por duas pessoas, um homem e uma mulher, e que minha agenda está descontroladamente cheia. Ou seja, continuo vivendo. Feliz. Nesse momento, aos 50 anos, me sinto como aquela Preta de 15, com tudo novo pela frente.

Mas com muita coragem. Nada mais vai me paralisar novamente.

Beijos, até a próxima,

Preta
Junho de 2024

"Glossário" dos amigos

AQUI VOCÊS VÃO CONHECER quem são alguns dos amados que cito constantemente no decorrer do livro

Alex – Alex Lerner, amigo de adolescência e jornalista.
Amora – Amora Mautner, amiga de berço e cúmplice da época da escola.
Carol – Carol Dieckmann, melhor amiga nos últimos 25 anos.
Duh – Duh Marinho, ora filho, ora pai, ora amigo.
Júlia – Júlia Sampaio, amiga e produtora há 20 anos.
Layla – Layla Brizola, amiga de infância.
Malu – Malu Barbosa, anjo da guarda, melhor amiga, sócia e braço direito.
Marcello – Marcello Azevedo, anjo da guarda, melhor amigo, empresário, sócio e braço esquerdo.
Marina – Marina Morena, irmã de criação, guru fashionista, meu xodó.
Soraya – Soraya Rocha, filha de consideração, anjo da guarda e maquiadora.

Agradecimentos

AGRADEÇO AOS MEUS FAMILIARES E AMIGOS que estiveram comigo no ano que passou. Sempre fui uma mulher de festa e da alegria. Na doença e na tristeza eles se fizeram mais do que presentes e salvaram minha vida. Vocês sabem quem são.

Agradeço aos meus fãs por nunca me abandonarem, por estarem comigo em todos os momentos.

ESTE LIVRO, COMPOSTO NA FONTE FAIRFIELD,
FOI IMPRESSO EM PAPEL IVORY SLIM 65G/M² E COUCHÉ 115 G/M² NA CORPRINT,
SÃO PAULO, OUTUBRO DE 2024.